慶元縣志輯

第十三册

【民國】慶元縣志 二

《慶元縣志輯》編委會 編纂

浙江工商大學出版社
ZHEJIANG GONGSHANG UNIVERSITY PRESS
·杭州·

第十三册　分目録

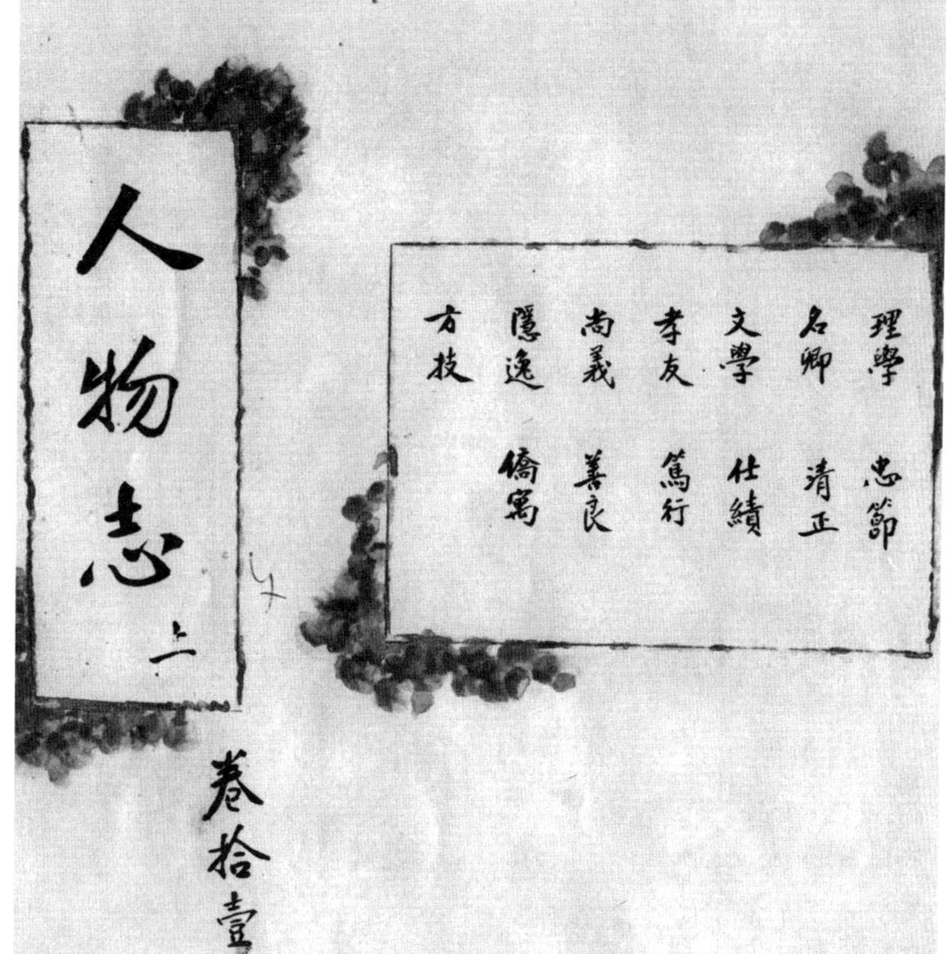
人物志　上
理學　忠節
名鄉　清正
文學　仕績
孝友　篤行
尚義　善良
隱逸　僑寓
方技
卷拾壹

慶元縣志卷之十一

知慶元縣事 林步瀛 史恩緯 重修

人物志上

理學　忠節　名鄉　清正　文學
仕績　孝友　篤行　尚義　善良
隱逸　僑寓　方技

名賢一鄉之典型，四國之聞望係焉。其間宏材碩彥，經緯天緯地，彪炳史冊者，實爲氣運所關。下此而一行之善，一節之奇，山僻中亦自有人，雖功業未著於旂常，芳聲早傳於閭里，事有足法，名宜紀載。覽者幸勿謂古今人竟殊不相及也。志人物。

理學

按宋史創道學傳、前此未有也、邑中宗洙泗、紹洛閩者、得二人、特先表之、欲其別於各傳云爾、

宋

吳庸、少穎慧、博涉經史、常鄙章句學、以道統為任、登熙寧丙辰進士、賜名伯舉、初任江州右司理、累遷中書舍人、知制誥龍圖閣待制學士、贈少師、著作甚富、有明性集、發微正論、為士林宗鏡、

王應麟、字伯厚、父撝、嘉定癸未進士、徽州知府、弟應鳳、中宏詞科、以兄為師、有經濟才、公秉性剛正、有古大

寧

匡鳳、登湻祐辛丑進士、寶祐間、充讀卷官、至第七
頓首曰、是卷古誼若龜鑑、忠肝如鐵石、臣敢以得人
賀、遂擢第一、乃文天祥也、尋（遷禮部侍郎、尚書罷）轉給事中、忤旨、遂往冠
歸、設帳講學、執經書（雲）集、著五海集、四書論（語）孜孜異、因
學紀聞、小學紺珠、深寧集、王尚書遺稿、及三字經、詩
地理考、等書、行世、後學得其指歸、祀鄉賢、

忠節

精忠亮節，世難多見，茲無論在朝在野，苟其佐治扶危，英靈不朽，百代瞻仰者，悉為傳之，俾來廉懦立，有所興起焉。

宋

吳競（兢）寅仲，弱冠，登政和壬辰進士，宰會昌，建炎丁未，潰兵楊勍自浙東入境，殺二尉，民遭殺掠，官兵莫制，競（兢）挺身直抵賊營，諭以忠義，賊以刃挾之，競（兢）厲聲曰，吾頸可斷，吾身不屈。賊感悟，即以所掠子女遺競（兢），給還民間，隨聽招撫。宣諭使劉大中奏競（兢）忠勇，擢

府判、民感其德、祀鄉賢、

吴樞、字時發、幼穎奇、無嬰兒態、長登政和壬辰進士、亮直忠勇、以節概自許、靖康初、募有能使金者、樞毅然請往、至金惟長揖不拜、正色厲辭、金人燒鼎欲烹之、樞愈不屈、金人壯之、遣還、適巨寇葉儂作亂、樞往招撫、儂聞樞名、解甲納降、至今頌不替、祀鄉賢、裔孫榮宗奉祀

元

葉國英、至正間爲義兵萬戶、與子德善相繼克復溫州、收青田山寇、夏清四、以功授處州千戶、

姚彥安、元末爲義兵千戶、處州守鎮、賀元師、占據城池、

孝安領鄉兵同大兵攻破之，陞處州守禦萬戶。洪武元年，起集山寨頭目，授平陽左衛副千戶。五年，從征沒于陣，蔭其子桂，授千戶。

明

吳勳明，字君治，崇禎間，任湖廣黃岡丞。時流賊數十萬，所過郡縣，缺令，人勸之去，明曰：吾職雖卑，忠義則一，遂率兵民固守月餘，粮盡城陷，被執不屈，賊怒，割其鼻并兩耳，愈不屈，截其左手，血悶死地，賊退，半日復甦，歸家，二年卒，祀忠義祠。孫國銑奉祀

清

吴陳仁，康熙十四年耿逆兵陷城，倡從義兵，力圖後以復城功，授福建延平副將。

吴握瑜，即陳仁之弟。康熙十四年耿逆兵陷城，仁從瑜計，倡起義兵，力謀恢復，後以復城功，授福建汀州守備。

吴壽男，上管人。康熙十四年耿逆背叛，兵陷城，從吴陳仁起義兵，和碩康親王劄給守備，隨勦左路，追逆至龍泉嶺後村陣亡。事聞，卹贈武德將軍，廕弟男捷，補授温州衛千總。乾隆六十年，孫吴何麐承襲。嘉慶八年，嗣孫生員吴履祥奉詔兼襲世職。二十年，祥

子廷標、接襲授嚴州協千總、
吳詔功康熙十四年閩耿逆作亂、兵陷慶元、從吳陳仁起義
兵、殉難、死後優恤其家、蔭子顯宗、授千總、乾隆六十
年、孫鳴豫、奉詔蔭襲、後裔孫豐榮接襲、接府志詔功、作慶功、惟浙
江通志、仍稱詔功、見忠匡四、
吳廷標、由蔭襲世職、補嚴州協千總、於同治間、率子自
卹、隨征勦粵匪陣亡、四年八月二十五日、由採訪忠義
總局、歸第六次彙奏請卹、九月二十九日奉旨、一部
照例分別旌卹、欽此、十二月二十二日奉部咨遵照
例案、分別建坊題名、入祠、致祭等因、六年四月

閱斟

六日，知縣呂懋榮奉文設牌位於忠義祠，如期[illegible]

許得源，竹口人，性情果敢，見義必為，事親尤以孝聞。咸

豐八年，粵匪[賊]犯境，鼓勇先驅，殺賊被害，待旌。

以上舊志

忠節

葉咸豐 二都人遷居麗水清咸豐乙卯武舉人候補營千總咸豐八年處州府城陷咸豐督團丁會官軍復之同治元年處州再破咸豐與賊戰屢有斬馘一日於巖泉嶺陷賊伏突圍不得出陣亡 祀忠義祠見浙江忠義錄 新采訪

闕一鶴 十二都大澤人國民革命軍第一軍十四師迫擊砲隊排長於民國十六年一月四日奉令繳叛逆第十七軍第三師李春生部械於激戰中在建德陣亡民國十七年國民政府軍政部頒發卹令按例卹 傳記見藝文

忠節

楊際登應徵充陸軍兵士辛亥杭州光復隨浙軍才
攻旗營陣亡事聞核給恤金貳百元並照正副
兵例給與撫金年額捌拾元祀忠烈

吳鴻年系出儒門幼負奇志辛亥杭垣光復慷慨從
戎隨浙軍攻破南京天保山奮勇克敵積勞病
故事聞核給卹金洋柒拾元並照正副兵例給
與撫洋年額肆拾元祀忠烈 舊采訪

闕一鶴十二都大澤人國民革命軍第一軍十四師
迫擊砲隊排長於民國十六年二月四日陣

繳叛逆第十七軍第三師李春芝部械北殁戰
中在建甌陣亡民國十七年國民政府軍政部
頒發卹令按例給卹（傳記見藝文）　新二八號

名鄉

名者實之賓、鄉而曰名、其發越有盛焉者矣、後之留心致澤者、尚其行義達道、毋讓美乎前賢焉可、

宋

陳嘉猷、字獻可、生三日即能言、家缺炊、猷指叔處假之、父以告叔、叔以為誑、往視果語、叔曰、叔假我來、異日以俸倍償、眾大奇之、為兒戲時、置欖几上坐之、見叔至、跳而下、叔曰、三跳、跳落地、猷應聲曰、一飛飛上天、其穎悟多類是、數歲日誦千言、登紹興神童科、嘗

至禮部尚書、公忠耿介、有經濟大畧、朝紳重之、裔孫必入奉祀。

胡紘、少警悟、篤學、家貧無錢置書錢、有販者求售、讀遍還之、即不忘、由教官科第、宰邑有聲、擢監察御史、累遷至吏部侍郎、出爲廣東經畧使、所至有能聲、

吴淇、嘉定甲戌進士、累官户部侍郎、時相欲以淇薦監察御史、淇謂臺諫出宰相薦、非盛朝事、即謁告、出知南劒州、

明

吴瑁、端直果毅、器度閎達、擢山東監察御史、勵清操、肅

閲對

風紀、聲著臺端、

清

姚梁、字佃芝、後田人、少聰穎、過目成誦、未弱冠、即遊庠、由乙卯優貢、中順天乙酉經魁、登乙丑進士、授内閣中書、擢禮部主事、刑部員外郎、廣西典試、陝西督學、東除饒州知府、署川東兵備道、江西廣西按察使司、調河間府知府、清廉耿介、毫不苟取、任饒州時、民立生祠祀之、所至俱有政績、子崇恩、甘肅縣丞、府志傳 列鄉賢

人物志 名鄉

以上舊志

清正

人性皆同，而汎濁高明，尚待於克。清之不濁，權之益堅者，世有幾人哉。明乎分定之說，而後士之不染一塵，不參一見者，乃得而區別焉。噫，亦難矣。

宋

吳畀，熙寧癸丑進士，教授夾州學士公翁彥深知其名，謂之曰：以先生學問操行，今稱上流，縱不大用，宜居太學之選，以範多士，奚為遠處湘湖哉。畀笑曰：吾道其事干求耶。他日出一書，示彥深曰：吾欲以此書干丞相范公也、深怪其前後語不相符、及私啟其書、則以大義責范公、不能用正才、以興起太平、徒取法度紛更之語、其清操如此。浙江通志介節下

吳懿德、字夏卿、嘉泰二年進士、英州教授、知五山縣、改知新會縣、時邑民狃於訟、瀕海多盜、縣不能制、懿德至、實心撫字、民感盜靖、邑例、新令至、有給由錢、受詞諜者、有醋息錢、一切罷去、仕族之流寓、與惸獨顛連者、春貸以錢粟、夏多瘴癘、和藥以施之、廉介有聲、進廣州通判、未任而卒、卒前二日、書於冊曰、平生薄宦、身受凍餓、一念不欺、一介不取、嘗祀晉刺史吳隱之

於縣東邑人以其廉介無媿、遂合享焉、詳見新會縣志、及浙江通志介節下、

明

吴仲信、幼穎悟淹貫經史、永樂辛卯科鄉薦、授泉州府判、治聲大著、反歸、行李蕭然、有鬱林載石之風、詳見藝文羅岳珪傳

異　字允言

吴杰、少勵清操、亮直有風、由歲薦授刑部主事、以年老告休、居鄉端厚、著望、後學宗之、

吴潭、字源潔、簡重、雅博、宦治、乙卯領北京鄉薦、授常德節推、通判吉安府、咸有治績、少在諸生中、遇遷學出廪助之、時有鄉人齎金輸稅、過詠歸橋、遺金於水、其

人欲赴河死、潭力阻之、携之同歸、揭債以贈、失金者得不死、論者謂之今人古心、嘗有心病、形甚癯、忽途遇一叟、授以二丸、旋失所在、始知爲神、潭服之愈、仕常德時、同中貴監造藩王府、餘金千數、欲其共隱、潭不從、隨白於部、其清介如此、

吴倅、字介卿、性厚行端、好讀書、有大略、陞廣東瓊州府撫黎通判、黎酋叛服不常、倅爲之興學校、教婚喪禮、及廛市館舩、諸黎感悦歸版者三百餘、酋瓊產甚富、尚苞苴、倅旦暮視天、不敢一錢自欺、民歌曰、人道我公清似水、我道公清水不如、時汎兵叛、當道束手、倅

曰、此國慮也、毅然請往平之、解組後、民懷其德、猶鄭

寄國慮無雙詩歌於其家、詳見黎岐經始傳、

人物志 清正

以上舊志

閱對

清正

明

吴子直字廷舉號碧峯上管人持身端莊一循於禮寡交接且不受治產治產惟務讀書每引古人以自况由鄉貢授福建泉州晉江縣佐清潔自持上官愛其廉隅與以點煙居原文可獲數百金公歎曰此豈讀書人之所爲耶堅辭不受後解組歸林惟坐室中繙書自適足跡不出户庭其嚴介如此

人物志 清正

清正

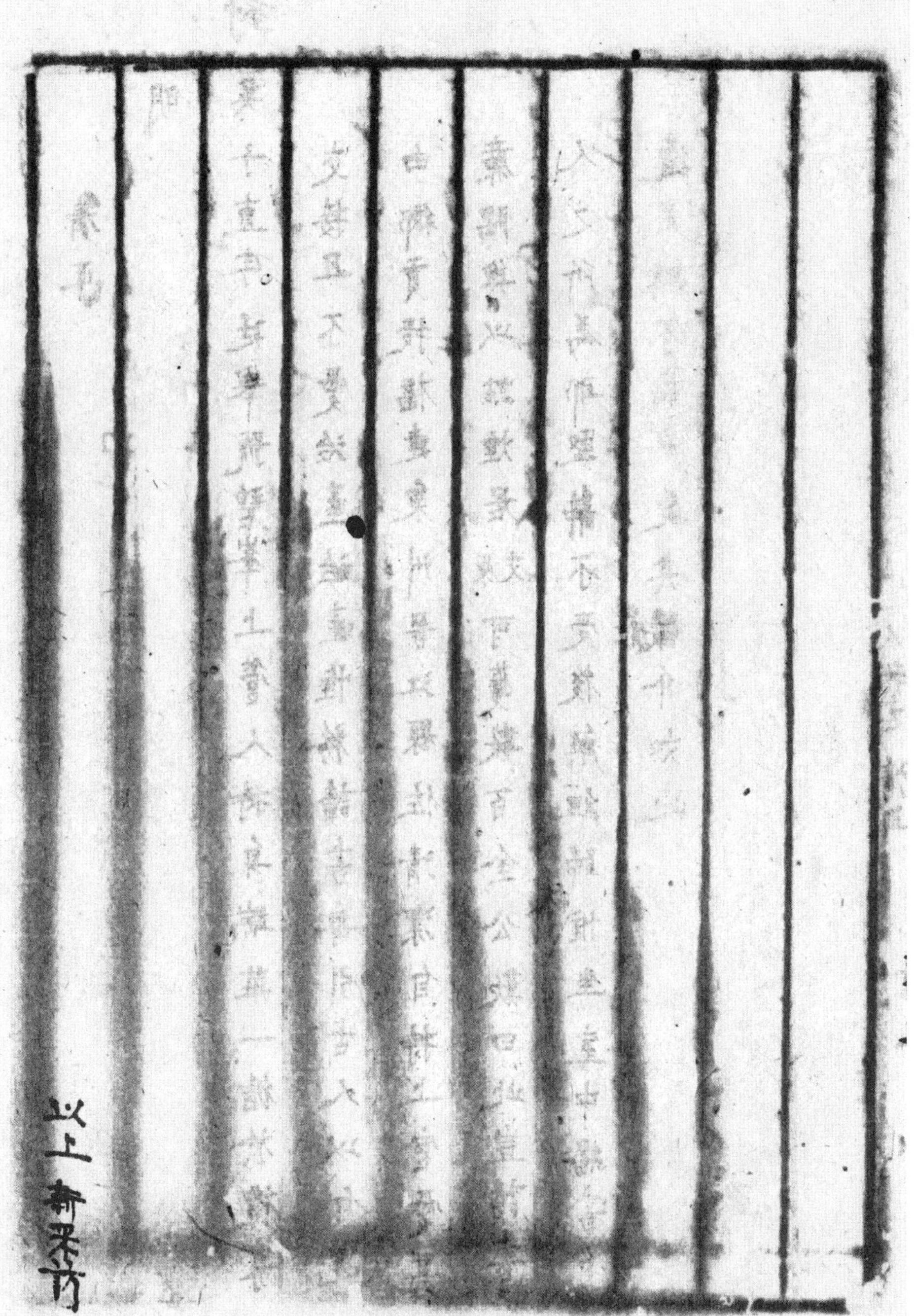

文學

文章者道德之餘、今自仕宦七品以上、有以著作重者、亦同編列傳、其窮而在下、文可華國、學可章身、並載其書名卷牒、工制義者、亦間附焉、

宋

10

吴縠天聖甲子進士、性格簡重、操守清正、仕至大理寺
評事、以文章名世時人稱其補天有手、挾月多才、
吴轂景祐甲戌進士、授濠州知府、其才名與兄縠齊稱、
詩文行世、雖殘縑剩幅、一字一金、時人以二難稱之、
劉知新字元鼎、少穎敏、淹貫經史、遊太學有聲、大觀初、
廷試第一、知綿州、政尚慈祥、所著詩文、多士奉為軌
範、蔡翊曰、讀元鼎文、如拾璧藍田、觸手盡難捐之寶、
為時所重如此、
吴彦申字聖時、幼篤學、日誦千言、父柾、為長樂宰、卒於
官、申廬墓三年、登政和壬辰進士、人稱其學綜百氏、

人物 文學

閲對　閲對　閲對　閲對

文成一家、詳見其甥李綱所撰墓誌文、

吴毛之、（邑）性敏慧倜儻宏博、凡詩文詞賦、咄嗟而辦、登寶

慶丙戌進士、授杭州知府、治理優裕、每登吴山天竺

諸勝、吟咏竟日、風雲不減樂天、

吴松龍、讀書多創解、下筆自成韻語、登寶祐丙辰、文天

祥榜進士、授松溪縣尉、雖居下職、文章價重臺閣、

明

姚珙、敏警卓絶、名流共推、明初人文寥落、珙獨鋭志不仕

葉遂以文章警（驚）人、登永樂乙酉科、文風爲其首振、

鮑畢、少（部）即希古、及長朗達有儁才、永樂甲午鄉薦、乙未

第進士、授禮部儀制司主事、所著詩文詩的當時、

趙樞登、永樂庚子科、授四川雅州學正、工於詩、體格獨宗漢魏、

吳仲賢、居深山、矯矯拔俗、博該墳典、善屬文詞、贍麗而理暢、永樂庚子科、與趙樞同榜、才名並擅當時、

葉祥、永樂甲午科鄉薦、學問淵博、文詞典贍、旨講學石龍山下、名士多出其門、

吳鑾、穎識通達、體器宏簡、文源、領永樂癸卯鄉薦、鑾讀父書、力銳思沉、遂以儒雅名、登成化辛卯科、才華爛若披錦、士林共渚、

闕對

皐

闕對

額

吳述字景明八歲牧牛過里人陳龍峯先生講學處竊聽心喜遂向求學陳難之適有負木者至陳試以對云舉大木述應聲曰折高枝陳奇之遂授以學才思俊拔善校練文義由歲薦授無錫丞陞廬州衛經歷多政聲狀元孫經皐贈以詩有佐政能齊卓栁文欲並藴之句所著有東軒集四卷存存集六卷

吳行可字蓋卿品正行篤博涉典墳旁通秘旨下筆都成妙義不比尋章摘句時稱博學君子歲選福建建陽教諭尋赴任越日而卒所著有經史滙參待刊行世督學鄭以熙朝額俊表之

姚文焻、字鳳竹、童牙稱奇、稍長高視遯聽、居百丈山、揣摩舉子業、三歷寒暑、每臨文如萬斛珠泉、滔滔不竭、萬歷壬午、領北直鄉薦、累官順慶府同知、所著北遊草、文章正軌二集、

清　文學

李灴、歲貢生、好讀書、至老不倦、邑令程公聘、前志所著有四書本義、周易傳義纂、唐詩類選、古文類選、四六類林、古文摘全等書、太史張石虹為之序、不能梓行、督學使劉公以行潔文正表之、

吴運光、字暉吉、博學多才、善古風、行文滔滔汩汩、有韓

人物志　文學

潮蘇海之觀、康熙六年、丁未設帳於日涉書院、當湖陸子清獻客遊濟川、敘論相得、遂撤皋比而受學焉、十一年壬子秋、以額溢中副車、邑令程公聘修縣志、亟月告成、乙卯授建陽教諭、轉政和縣丞、子鏐、鎬、俱二十六年丁卯拔貢、

季玗、號璞菴、讀書過目成誦、教授生徒、先器識而後文藝、嘗自謂貧士無德可見、能竭情造就、即見德處也、以歲選授蘭溪訓導、舉課面評、日久不懈、解任後、闔庠士子感其訓誨之勤、猶致書思慕云、

余勳、歲貢生、初結文社於石龍山寺、邑侯李東繡親自

督課、屢拔前茅、侯去後、讀書於萬松菴、吟風弄月、積成卷帙、惜未梓行、

吴爔初納粟為國學生、後恥不受、折節讀書、鋭意進取、既而食餼、登歲選、康熙四十二年丁酉入鄉闈、因制額限、同考官李飛鯤深為惋惜、

姚大霦、字惟能、品詣端方、器宇高爽、好讀書、善屬文、屢試不第、二子七孫並擅才名、由歲選、任壽昌訓導、簪纓之盛、為邑稱首、以孫梁貴、贈通議大夫、按察使司按察使、

周之冕、歲貢生、姿性穎慧、廣記博聞、鄒公初建書院、首延掌教、蔣公、黄公、繼之、俱加禮焉、行文如輕車就熟、

常謂人曰、吾文無他奇、聊收藥籠一用耳、出其門者、皆知名士、所著有省愚集、藏於家、卒後督學于公、召其子、廩生世俊、出所書、經術遺芬四字贈之、

吳得訓、字濟三、號質亭、博極羣書、意氣豪邁、以拔貢考授同知、與青田韓錫祚相友善、凡所歷山川風物、皆有撰述、居家構別業于鏡水園、延師訓子弟、里人咸取則焉、

李鍾儁、號習齋、玗之次子也、性沉靜、不妄言笑、專志經史、及百家聲韻之學、督學王公蘭生、評其文曰、細心審理、浩氣行文、故非常遺闕、直令千人生釁、以歲選授

寧海縣訓導、誠敬感人、多方訓士、卒於任、闔庠賻之歸、

吳機字上錦、西隅人、新寧知州吳鳳翔曾孫也、博聞廣見、穎悟絶倫、弱冠餼於庠、督學彭公啓豐稱其書卷之氣、堪入大家堂奧、惜乎享壽不永、

姚長湻字敦履、號檀園、邑廩生、雄才高致、磊落嶔奇、所著詩文、受知於督學錢公、退授生徒、名震一時、當貢之年、賫志以沒、人咸惜之、

姚蒸、歲貢生、好學嗜古、所製詩文、積成卷軸、而謙厚和平、尤無自滿之色、士林以此多焉、

闕對　闕對　垂　闕對

吳元棣，字厦峰，性沉靜，寡言笑，不事繁華，博涉經史，究心制藝，試必冠軍。邑令關延修志，秉取裁精當，宿學老成，共推一邑之望。子啟甲、丁，俱遊庠，餘詳後傳。

李炳，九都黃壇人，嘉慶四年己未由廩貢選授衢州西安訓導。訓課精勤，士心悅服，其所造就，多一時知名士。莅任十餘年，教澤深長，治行超卓，且詩禮垂訓，堪爲士林楷模。子應坊、應壇，俱歲貢生。

余鈞，號中峯，郡貢生，候選訓導，素行端方，通經史。嘉慶六年辛酉，協修邑志，校正甚多。教授生徒，亦多拔萃之選。

周原、字緯九、邑貢生、性厚行端、專志經史、學問淵博、教授生徒、多闡發經義、邑令譚以詩文相質、常友事之、

余壎、字堯庭、后田人、貢生余鎔之子、少穎異、篤志力學、克自振拔、未冠遊庠、食餼、試輒優等、棘闈屢薦不售、嘉慶壬戌歲貢、至道光壬辰春、選授會稽訓導、惜未及赴任、先卒、

吳登瀛、號仙洲、邑貢生、秉性毅直、博通典雅、日事詩文、至老尤勤、且居家孝友、遇地方義舉、孳孳不倦、所著有羣書精華、經餘滙參等書、惜未梓行、問世子侗、遊庠食餼、佶亦有聲黌序、

吳球，字碧峰，上管人，邑庠生，禔躬敦飭，好學沉潛，屢試優等，遠近從學者甚衆，未及貢，先卒，士林惜之。

李照，號五山，秉性簡重，博極羣書，造就生徒，循循善誘，如坐春風，道光甲申歲貢，不及選教，先卒，子埴早歲食餼，文行亦稱克肖。

田嘉瀚，竹口人，邑廩生，性嗜學，工書法，講求經籍，留心制藝，在省城敷文、紫陽兩書院肄業，課輒優等，秋闈屢薦，惜賫志以没，其子煌和亦同時入庠。

吳為霖，字甘泉，邑廩生，底墅人，性洒落，工書法，邑中美舉，每樂贊勷，訓導俞以文行真優嘉之，惜正當歲選，

先期而卒、子熙、廩生、亦善書、

吴肇康、字元叟、西隅人、邑廩生、少讀父書、博通經史、尤敦內行、孝友著於鄉邦、惜享年不永、未竟其志、子甯海、孫維鍾、俱庠生、積學砥行、克紹前徽、

吴棨祖、字顯緒、邑廩生、力學勵行、恂謹篤實、教授生徒、造就者衆、著有素軒吟草、待梓、學院李以篤實光輝額表之、

王成績、字紀常、東隅人、邑廩生、器宇英特、甫成童、試輒冠軍、遊庠後、行止恂恂、益留心經史、每多闡發精義、教諭沈評閱課卷、決為遠到之材、惜攻苦遘疾、不克

赴闈而卒、傳見藝文志、

田嘉修、字敏齋、歲貢生、天性孝友、學問淹通、善屬文、工楷法、與弟嘉瀚同肄業紫陽敷文兩書院、課輒優等、名盛一時、及耄、居家授徒、出其門者皆知名、長子良、邑庠生、早世、次子謙、道光丁酉拔貢、

周大成、石田人、歲貢生、持躬端謹、博學能文、里居課徒、多所造就、道光壬辰邑令吴延修志、秉校正半出其手、子維謨、維烈、俱明經、

姚樹均、字平之、城內人、邑廩生、善屬文、試輒優等、鄉闈屢薦不售、教授生徒、循循善誘、信從者衆、惜乎享年

對　對

不永、

余銑、后田人、恩貢生、性嗜學、博通經籍、壬辰協纂邑乘、多所參校、士林重之、

吳德、字望廬、大濟人、歲貢生、好讀書、博通經史、性鯁直、獎善疾惡、無少詭隨、尤好義急公、凡地方善舉、踴躍從事、不避嫌怨、里居授徒、造就有方、一時譽髦皆出其門、子其模、孫日熙、俱入庠、

田謙、字桂山、拔貢生、性穎異、好讀書、行文如蘇海韓潮、滔滔不竭、在省垣數文紫陽兩書院肄業、課輒前茅、後設帳雲鶴山、遠近從學者數十輩、類皆造就成材、

子慶方、孫福、俱入邑庠、

吳江、字宗海、望廬君之胞弟也、生姿穎敏、植品端方、好讀書、至耄不倦、設帳數十年、從遊甚眾、咸豐庚申、膺恩選、知縣汪斌、贈以經明行修匾額、親族其小、琴月採訪節孝、修輯志乘、捐置社倉等事、無不實心襄理、年七十、夫婦齊眉、門下士為之製錦稱觴、生六子、長其梅、明經、次其橼、六其松、蜚聲黌宮序、餘並列成均、孫曾林立、四代同堂、合邑皆欽慕之、

周焜、字崑山、周墩人、郡庠生、性沉靜、好讀書、垂老不倦、設帳里門、遠近爭來負笈、造就多士、至今邑人猶稱

頌不置云、

李垣、西隅人、歲貢生、性情古樸、學有淵源、試輒優等、鄉闈屢薦、惜額滿見遺、里居課徒、造就甚眾、士林咸推宿學焉、

姚律成、字晨樓、居田人、歲貢生、候選訓導、品端方、學淵博、肄業紫陽、敷文各書院、課輒前列、鄉闈屢薦不售、子蕃、官仁和訓導、炘、廪生、均克繼志、

田和、竹口人、恩貢生、敦品讀書、不苟言笑、尤精醫理、兄煌早世、撫姪慶餘如己出、教育成材、人皆稱之、

李占雲、號仙梯、城西人、歲貢生、性孝友、品端方、博學能

人物志 文學

文、進士甚衆、兼精醫理、不趨勢利、不履公庭、知[illegible][illegible][illegible]

烜、以澹臺目之、子觀韶、增生、亦堪繼志、

以上舊志

文醫

吳美模字巳小城西人邑庠生性聰穎善屬文弱冠遊庠食餼屢試優等邑侯鳳拎舒達雨公大器之惜享壽不永不克鴻飛子廷楨遊庠孫逢祥乙酉拔貢

吳美先字慎德城西人清貢生品端學粹少失怙以母多病兼習方書遂成名醫歷任邑侯榮頒匾聯嚴廣文漢清贈以聯曰克儉克勤壽身壽世有品有學名儒名醫可想見其為人矣子廷鳳國學生業醫有父風

吴邦彦字德彰城内人歲貢生志潔行〻方〻學〻文

設帳課徒多所造就子應榮遊庠

吴仰燿字占齋大濟人邑廪生家貧力學卒成通儒

爲文援筆立就有蘇海韓潮之風前寫元聯宵

不假聯本立書曰燈光月光光光緒萬年緒業

國慶家慶慶慶元正月元宵其敏捷如此

吴虞薰字琴堂廪膳生城西人質敏好學屢試優等

客遊嚴州應書院課嘗冠軍設帳教授生徒

所造〻已〻咸達恩選先期而没士論惜之

吴寶琛字國瑞歲貢生二都黄皮人家貧好學作文

以程朱為宗如堂堂之陣不尚偏師嘗設帳雲
鶴山遊其門者視為正軌

李之劍字信甫歲貢生北區黃壇人姿敏好學書
秀拔性古樸謹語言端品行有藹藹君子風

李森歲貢生之劍子姿敏慧性靜默學問深淵家庭
設帳遊其門者皆一時知名之士尤熱心教育
曾捐貲協辦竹鎮學校視執教鞭循循善誘迄
今諸生猶紀念不忘

李逢昌字文明黃壇人邑庠生天資卓犖博覽羣書
淡泊明志不求利達教授有方凡負笈從遊者

多所造就

季之良辛酉拔貢生北區黃壇人性敏異好讀書自少而耄手不釋卷博通經史學問淵深百家之學無不優爲設帳講學闡發經義及其門者皆一時知名士晚年掌教松溪縣湛盧仁澤兩書院足不履署語不涉私松邑知事王士駿歎曰昔武城得人不意於松溪再見其敬佩如此

吴炳文字煥然東隅人清拔貢生年未冠才思敏捷應試屢獲優等登選後以功績保獎歷署浦江富陽司訓尋陞寧波教授所至有聲著有不知

足齋詩鈔行梓

吳嘉紀字荾軒西隅人邑廩生躬行謹飭學問淹通設帳課徒造就甚夥尤工楷法丁丑修縣志邑侯史恩緯延聘參錄惜年不祿未貢而卒士林惜之

吳鑑字晶如九都竹口人歲貢生天姿卓犖博覽羣書淡泊明志樂育生徒尤工岐黃術活人甚衆鄉邦感之

姚其昌字錫祥后田人清歲貢士厚重簡默和易近人學術湛深為士林所宗遊其門者多所造就

人物志 文學

閱對 對 黌 公 對

姚典字琴齋東陽人清拔貢生好讀書頗有文名
敏負異質凡琴棋書畫無所不工教授生徒諄
諄善誘士林推重於今不衰
姚庚字煥彩東陽人清恩貢刻苦力學寒暑無間躬
行實踐不務紛華設館授徒循循善誘闡發經
義尤為詳盡黌宫桃李半出其門曾任本邑教
育科員學務委員等職士林翕然宗之
李樑昌黌生逢昌子性敏博學涉獵經史學問宏深
倜儻不羣有志上進奈享年不永未貢先卒士
林惜之

鶴

陳子彥字蕓閣歲貢生二都黃岡鄉人姿與學兼優為一時冠今古融會為鄉里重好排解喜修路善人咸稱之

葉珣字鶴峯歲貢生二都橫坑村人品重行方學問宏深年近古稀猶手卷不釋鄉人呼之為書櫥

以上舊采訪

姚文瑺城東人增貢生署分水縣學訓導誠敬感人多士欽佩丁丑歲知縣史恩緯聘為修志總校日夜莅局悉心考核不遺餘力凡地方公益慈善事業無不踴躍襄成鄉鄰德之

人物志 文與

吴金聲字金禮后田人由廪貢報捐訓導

特授金華府義烏縣學與諸生講論時文

多士景從尊蒙金華府尹保獎兼代蘭溪

縣教諭子鵬邑廪生

吴律聲字和琴后田人弱冠遊庠食餼學問湛

深院試屢列優等清光緒丁酉拔貢時知縣

何文耀贈以聯曰十二年掄選一人君如所願

兩三載品評多士我似先知平居設帳課徒

循循善誘從遊者皆知名之士著有陶情譜

一卷藏於家子步輿邵庠生

以上舊采訪

文學

吳景雍字以仁東陽人邑庠生祖維鍾爲邑名諸生雍受祖訓深得其奧性嗜古善屬文里居課徒循循善誘如坐春風中惜年不永迄今人咸追思之曾孫炳文清同治癸酉拔貢寧波教授元孫淦光緒戊申歲貢就職訓導

姚昌字瑞軒東陽人附生天姿豪邁學術湛深百家之說靡所不窺作文如天馬行空不可方物生平服膺陽明知行合一之學以身作則爲士類先性恬淡一變希榮慕利之習惟才善應變會粵[illegible][illegible]事以處伏

莘東機竊發邑本所學即出而倡辦鄉團聯[illegible]親善長幼之義地方秩序賴以不紊昔陽明平宸濠以文臣用兵定亂今邑治盜匪以文士尚武著勞當道聞其賢獎給六品頂戴處州守李手書為國宣勤額推其閭邑可謂善於服膺陽明者矣卒年七十有四歲然其流風餘韻恂恂儒者氣象至今邑人猶稱道不衰云

吳溶字西清後田人邑增生義士邑興之曾孫清光緒二十六年庚子提優行端方器宇高昂工書法知事丁良翰贈以粹然儒者額曾著有述懷雜編惟享年

下永聞者惜之子鍾材既海道自治畢業亦工書法深得乃父遺意

陳應方錫祺之繼子字克難號季齋清增廣生也深潛好學殫心經史力探堂奥鄉先輩咸以遠到之才期之設帳授徒於東鄉一二都子弟賴其栽培者頗衆故桃李滿門有盛極一時之譽而且教孝弟篤交誼尤為卓然可稱平日著述甚多惟享年不永人多惜之

許希益字望三清庠生竹溪人性沈靜好讀書歷任高小教職成績卓著桃李盈門且訥言慎行恂恂儒

雅之風

丁耀南字重熙清增生中村人性恬淡不喜治家人產業博覽羣書好吟咏善屬文廣交遊有孟嘗風光緒庚子獻平倭十策爲當道所器名噪一時焉

余炳光字明齋邑廩生性和平學淵博書法甚工歷任高小教員等任模範校長循循善誘誨人不倦子弟蒙造就者畢業甚多年壽不永士林惜之

子培本學校畢業曾任初級教員

姚逢昌字福堂后田人由廩貢報捐訓導歷署仙居長興縣學整躬率物訓士有方光緒三年爲修志總校其所訂正者良多七年保舉孝廉朝考錄用十二年奉部署蕭山縣學

見舊志人物志文學十五頁

仍舊爲是

閱對

閱對

惜文到之日已赴玉樓

文學

吳爲霖字甘泉清廪生底墅人好讀書博覽不倦秋闈屢次堂備終未得志坐守皋皮時有桃李滿門之譽工吟詠善行草名噪一時當道咸倚重之

吳恩讓字以遜清郡庠生底墅人少穎異能讀父書入泮後講學授徒從游者衆工書法能行文爲士林所欽仰

吳其元字目福玉田人清恩貢年少手裁老成器量平日講求立品行文清超拔佫歲科院試輒列優

新泉刻

等寄課問業者實繁有徒清知縣何式煌以品學俱邃優王壽頤以品端學邃頒其廬惜體素羸弱登貢籍旋赴玉樓傳見藝文子三長芳聲清庠生次揚聲國學三同聲省立第十一師範畢業

吳逢年字作聖城西人天資卓犖倜儻不羣十五歲游庠旋補增廣工吟咏倚馬千言前清院試屢列優等民國肇興歷長教育時有公門桃李之稱惜年不壽士林莫不戚歎有傳見藝文

以上新采訪

姚韋昌字兆麟增廣生石田人讀書為善文理精通生平廣設馬帳教澤宏施清寒自守不因家累而臨財苟得惟以舌耕筆織所入為生活之資咸為士林所望重焉

姚時行字沛田邑廩生秉性剛直為文清真試輒高列前茅設帳授徒誨人不倦從遊後輩皆先後成名入學門栽桃李譽滿鄉都惜未及歲選先卒子三簫韶鳳均學校

畢業

仕績

古人小善必録况登仕籍著嶶猷顧可湮没不彰乎甘棠去後尚切謳思桑梓仕績尤宜詳紀

宋

吴崇岳初授文林郎遷通議大夫内剛外和政尚淳厚陞直閣學士引進善良振緝綱紀朝野賴之

吴深宋太宗召見賜授南陽令以德先民教化大洽遷樞密院參知政事出知穎州太守鋤强培弱境内晏如陞大中大夫東河東轉運副司加封太保

吴源天聖甲子進士毅之祖初授山西滄州參軍尋遷

司刑丞政任少龍決獄如神繼遷大都督安西大都

護立功邊陲號令嚴明

以上新采訂

仕績

古人小善必錄、況登仕籍著巖獻、顧可湮沒不
彰乎、甘棠去後、尚切謳思、桑梓仕績、尤宜詳紀

宋

吳桓、熙寧庚戌進士、宰長興、清慎勤恪、政以慈和為先、
民歌曰、召父杜母知何在、今日復見長興宰、卒於
官、民皆巷哭、楊龜山先生有傳、

吳椅、嘉熙戊戌進士、授韶州知州、治尚寬簡、民有抑不
伸者、雖三尺童子、皆得訴白、久之訟息、

元

吴鉄，字貞甫，由人材，官延平府府尹，陞延建邵道，政本忠愛，循聲卓著，士民感戴，歿後，延郡祀名宦。知縣羅岳珪有傳。

以上舊志

明

吴長壽，字繼祖，賦性聰穎，下筆成章，弱冠遊庠，旋食廩餼，登癸卯歲薦，值成祖遷都北京，特充恩選，辛亥學籤判池州，改最入覲，轉判常州，以疾卒於官，歸葬路肩。

新采訪

仕績

明

吴禮字得容上管人年四歲即解識文藝及冠博極羣書著作甚夥與兄得適齊名雖二蘇不多讓焉永樂甲申以歲薦擢江西撫州府通判治尚簡易與民休息當靖難之餘瘡痍未復禮蒞事數月民咸安業然秉性沈静樂於恬退每有鱸魚蒓羹之想遂乞假歸里築别墅於半月山下多積經書教訓子姪後次子叔淵以明經宰香河亦有政聲 新采訪

吴長壽字繼祖賦性聰穎下筆成章弱冠遊庠旋食廩

鐄登癸卯歲薦值成祖遷都北京特充恩選辛亥擧籤判池州政最入覲轉判常州以疾卒於官歸葬踏肩

吴紀字正綱由恩貢選授江西瑞金縣知縣倜儻宏博經濟裕如捐俸濬渠以資灌溉民咸享其利後因親老告終養歸里瑞邑父老遮留塞道立德政碑誌去思焉

胡俸少負大志從父遨遊入廣西儀衛司籍登嘉靖乙丑進士授行人應對莊雅朝野著望

吴宇風穎標徹淵通有識由恩貢授同安縣丞陞將樂

亢鱗亦作抗鱗

知縣，居官英敏宏達，境內大治，

周輅，自舞象時即名喧鄉邑，及長，英拔名流，以明經授河南鈞州同知，敬慎廉明，凡有疑獄不決者，片言可折，吏民咸頌其神，

吳慶會，字泰遇，少穎異，十六黌於庠，十九應萬歷丁酉選貢，英資濬發，筆力遒勁，入北雍為名流所推，三試北闈不第，謁選授廣西平南令，再補湖廣漢陽，英明果斷，有政聲，以亢鱗左遷藩理，歸，所著有四書義，及岩居詩稿，藏於家，

李時芳，少遊於常山進士詹承祉先生之門，天啟七年

恩選、任太康主簿、與邑令許無奇詩文相得、凡興利
除害、勸糴運粮諸巨務、悉公籌畫、無不曲當咸宜、士
民為立德碑、撫院樊康其才可大用、題陞岳州衛經
經歷、以母老乞歸致仕、
葉春、字子仁、稟性孝友、多幹濟才、幼從叔學、叔故、遺孤
撫育婚配、雖堂弟無異嫡親、及初丞新興、有山民積
逋、以情感之、即刻輸納無欠、繼令吳川、有冦海肆掠、
以理諭之、即時解散、地方以寧、陞高州府判、以母老
陳情、懇乞終養、致仕、
吳希熙、字樂真、練達勤敏、由歲選餘杭教諭、陞福建連

垂

城知縣，政簡刑清，再任廣東惠來知縣，凡有疑獄，判斷如神，吏民咸服，後卒任所，合邑賻之歸里，子懋修（廩生）弘光時授兵部司務。（王藩軍興，曹佐閩耿戎幕，後以事失利，知復明無望，遂隱居不仕，以好行善舉終其身。）

吳鳳翔，字鳴陽，謹訥寬和，與物無競，由恩貢授廣西新寧知州，俗稱難治，翔下車不事刑威，崇尚德化，翕然大治，以親柩未厝，力乞歸里。

吳達昌，字起明，由恩貢授廣東歸善知縣，常俸外，不沾民一錢，頌聲載道，歸家日，橐垂如洗，寒暑無資，黨族莫不憫其苦，而高其節。

吳玉眷，字天玉，風度雋朗，敏給多才，由歲薦任樂清訓生遭雖冷、文晚愈強、課士之餘、流覽雁宕龍湫諸勝、其超奇曠逸之致、悉達於詩、告休日、多士揮涕以送、家有園、曰日涉、嘗集故舊作文酒遊、邑宰張公懷德、慕其名、特以大賓席召之、當湖陸清獻公題其像曰、神清若鏡、目慧多采、濯秀靈峯、問奇學海、筆掃千軍、玉積萬倍、射策金門、敎敷潮滙、雁宕龍湫、時供遊旆、錦囊詩簡、管城墨壘、韻高一時、流芳千載、欲瞻典型、於斯乎在、爲名儒所稱羨如此、

姚大齡、字延之、太學生、仕南直常州府靖江縣丞、廉明正直、愛民如子、致仕歸、士民爭道餞之、如失慈母焉、

垂閱

姚家棟，字吉甫，太學生，初任江西廣信府貴溪縣丞，委署縣事，復任廣東南雄府保昌縣丞，歷有政績，致仕歸，凡祖宗墳塋，均獨力結砌，豎立墳碑，至今永垂不朽，宗族以此多頌其功焉。

葉上選，號蒼峯，初讀書於六如禪堂，得高賢指授，刻苦勵志，博通經籍，所製詩歌，深得三百遺意，由舉人任會稽教諭，加意作人，一以蘇湖爲範，登其門者，有光風霽月之想，著有閒遊詩草，傳于世，後卒任所，宦橐蕭然，合庠賻之以歸。

姚鈞培，字蘭坪，東隅人，性情伉爽，學問閎深，由道光乙酉拔貢、分發湖南、歷署各州佐貳、補授靖州直隸州州判、居官二十餘年、愛士恤民、所至皆以廉能著、上游器重、俸滿、保陞知縣、不就、引疾歸、著有燕北詩草、公餘筆記、待梓、子醽庠生、未冠早世、醴候選從九、醇湖南桂陽巡檢、

田慶餘、字瑞齋、竹口人、己酉拔貢、由教習俸滿、用知縣、署湖南石門縣事、聽訟多才、政聲卓著、致仕歸、卒於家、

以上舊志

閱對

孝友

周禮大司徒、以鄉三物教萬民、一曰六行、孝友為先、孝友也者、天之經、地之義、民之則也、登仕籍為顯官、其孝友間有互見、至如鄙屋窮簷、有天性惇篤、專以孝友著者、列之斯篇、以昭民行、

明

楊津、字肇卿、九都人、幼喪父、甫冠、補邑庠生、竭力事母、母病、焚香祝天、請以身代、仍刲股療之、未嘗頃刻離母側、母殁、哀慟數日不食、二親墳土石、皆躬負廬墓三年、始歸、母素畏雷、每遇風雨、往墳哀哭、祀忠孝、

葉儼、字若思、西隅人、事親至孝、父疾、藥必躬進、親沒家遭火、眾競取財物、儼獨跪柩側哀號、過人泣曰、財物任取、幸爲我救存親柩、眾憫之、齊救獲存、其子文彬、文溥、皆明經、祀忠孝、裔孫邦材、奉祀、

吴相、字汝弼、西隅人、節母邱氏遺腹生相、甫長、克盡子道、母故、相年七十、躬詣司府陳其事、詳表其閭、祀忠孝、

季叔明、字正吾、好學多才、由明經任無錫縣丞、以母吴氏年老告歸、母年九十七、寢膳不離、褻牏自浣、母卒、明年七十三、哀傷絕食、幾毀性、當道旌其閭曰純孝、

孺慕子時芳、時英、皆恩選、後邑蔚起、是皆其純孝所感、祀忠孝、

吳儒、字珍卿、序班鴻臚寺、聞父訃、哀慟欲絕、淚竭失明、以鬱疾卒於官、太倉王錫爵聞而哀之、作孝子銘以表其墓、

姚瑛、上倉人、通判公瑛之兄也、瑛事親孝、奉侍惟勤、弟官河南十餘年、父命之弟所、抵旅舍、思親念切、仍返故里、聞月親病、瑛奉湯藥、晝夜不懈、及病劇、衣不解帶者經年、居喪哀毀、既葬、奔墓號哭、遠邇稱其孝正八

以上舊志

孝友

吴應壽字集福上管人父晏明正德間由明經任山東東平州訓導應壽隨侍任所晏年八十一卒於官應壽扶柩歸厝城西竹坑遂卜葬於石龍山下不時奔墓上哭泣其至性過人有如此壽遷居后田吴宅是爲吴宅始祖民國八年後嗣鼎建專祠於梧桐巷内有記見藝文

以上新采訪

清

李煒，字履昭，汾子叔明之孫也。由郡庠例貢，任南寧府照磨。事繼母先意承志，一飲一食，不敢先嘗。遇疾，衣不解帶五十餘年，孝敬如一。郡守周茂源、孫大儒，嘉其孝友，四舉賓筵。至今百餘年間，父老傳頌，猶嘖嘖不置云。

蔡文華，竹溪人。親嘗病癰，華自舐毒，延醫調治，藥必先嘗，衣不解帶。籲天刲股，以愈親病。而且心存濟物，人有急難，求無不周。終年九十。

吳之英，國學生。事母周氏，年登九旬，英竭力奉養，孺慕不改。母病，請以身代。及卒，身不履閫外，食必倚柩側。

三年持素、其行如此、學師白諸院憲焉、以孝友可風

旌其門、

吴來聘、字伊圓、邑庠生、秉性剛直、不倚聲勢、母死未葬、守柩侍食三年、足不履閾、孺慕號泣、行路感傷、蓋其孝思純篤、至性使然、壽至耄耋終、後人亦多入庠、

以上舊志

清

孝友

吴其魁清國學生紹恩之祖也以孝友聞當弱冠時嫻習武技一試即高列前茅爲母病棄府試親奉湯藥日夜未嘗解帶後入國學與兄侍日母側和氣盈庭藹如也鄰居有逆其親者視魁孝行幡然改行一變而求順其親矣其感人如此

吴樹英國學生性孝友明大義門庭以内雍睦無間歷數年如一日其弟爲仇家所誣負殺人嫌疑辛不可解英毅然年以子代之邑侯鳳矜舒遠以

孝行風世稱許之後金處總鎮劉督兵赴閩道經新窰墓英名贈以匾曰孝德流芳且旌獎英長子吳維恩八品軍功其名益彰

吳劍樹英之胞姪邑庠生贊助胞伯攝理家政時同居合爨者六十餘人融融洩洩友好所聞合邑播為美談金處總鎮劉由閩而還覩其一庭豫順氣象心焉羨之欲請往署設帳教讀乃以奉親無人婉辭未就

吳桼字常舒城西人道光丙午武舉廷試優等以守府用時值承平隱居不出少失怙事母至孝一

對

對

言一動皆稟命於兄久而彌篤時而論稱之

吴廷釗字知人西陽人國學生父殁年十二祖父母年近指使遂棄儒家居服勞奉養祖父母年臻耄耋毋年八十九殁猶涕泗交流與兄析居田宅惟兄命是聽一無計較其孝友有根諸天性性者子逢祥己酉拔貢曾任本邑民政科長並代縣知事

吴之勳字增福北鄉人增廣生早失怙善事母孝恩不匱尤能獨力建祠無善不舉睦族篤友里族戚尊其為人

閱

吳奇𡕒七都黄壇坑人持躬謹厚品行純潔孝事節母何氏數十年竭誠奉養歷久如一知縣丁良翰贈以孝友可風額終年六十四歲子駿聲端謹有父風

以上舊志

孝友

林中鶴字冠群清庠生陳邊人少失怙常受父訓家貧力學在讀書時出必告反必面晨昏定省克修子職及成名後不辭舌耕之苦所入束脩悉請於其父為養志之資其處家庭則極其友愛鄉里鄉黨皆欽仰之壽至八十二無疾而終有傳

蔡葉字富勳號培蘂北鄉中濟人貢生旅康之次子邑名諸生允中之二叔父也年十三習技擊術得少林正派及長行醫有盧扁遺風性至孝事母冬必溫衾夏則揮扇昆季四人處兄弟間友愛綦篤式好無猶

一時有花萼樓輝姜肱大被之譽惜操心過度罹失
血症閱五載而迄不起聞者傷之
姚樹萱字芝堂東隅補博士弟子員生性剛直不阿權
貴孝事節母先意承志無疾言遽色尤善處家庭間
事叔兩霖不善持家迨入郡庠橐罄億甚乃慨抽己
田租六十把以給之其三叔著水有欲鬻書田祭器
之舉萱婉詞以諫不聽又苦口而爭叔以其忤己怒
而質諸庭萱慮蕭牆貽母憂乃負荊請罪叔亦大悟
人咸以是賢之
陳錫疇字敘九邑庠生黃岡鄉人昆季有五皆邑庠疇

年最少父教甚嚴未成名父已故能承父志從師勤讀遊庠以後因家務分擔無暇再求進取常懷鬱鬱惟對諸兄則恭敬有加即偶有拖以疾言厲色毫無怨言歲時伏臘與諸兄聚處家庭怡然和樂依母若幼年孺慕一率性真鄰里皆嘉其孝母年八十有六於二月初旬染病三兄四兄俱商於蜀二兄又衰老乃移母榻與（於）己室躬侍湯藥扶持起居延至六月二十八日母竟以卒惟自母病至卒為時凡四閱月在此四月之中因母病劇至晝夜忘寢者兩月有餘又因諸兄未回停柩在堂寢苫枕塊以伴母柩至十月

孝友

與諸兄商喪葬事畢以積勞故逾月而沒人哀其志

民國十四年知事張立德嘉其能承先啟後特賜詩

書世澤匾額以表其孝友並藉以風世云有著述見藝文

吴紹杰字永孔性友孝少失恃及長繼母常不滿於杰

每欲令其異爨杰不忍去先意承志事之彌勤母迄

為之感其父娶繼母後育生子弟四分居時杰於器物取

其朽敗者田廬取其荒頓者一庭怡樂為鄉里稱晚

年奉侍父疾尤極其誠時父年八十三杰年亦五十

九雖力漸衰而藥爐茶竈問晝夜不離親側甚至形

容憔悴亦毫無倦怠子國珍清國學生珍母書患癱

瘤呻吟牀蓐三年不愈珍與妻陳氏互侍湯藥衣不解帶者三年如一日未嘗少間及歿哀號逾常三都中咸以為至性有類乃父云

楊全修八都槎溪人年十八喪父家寒甚未幾長兄又逝僅上堂老母及幼弟二人幼姪一人舉家數口三餐時虞不給修兢兢以養育為己任日夜辛勤手足胼胝卒能上盡孝於慈親下扶養其弟姪如修者誠不多得者矣

楊全聰八都槎溪人父死母年已四十有八二弟八歲三弟週齡家貧如洗聰日夜勤勞竭力南畝作一家

無飢寒之虞晨昏定省善事萱親堂上有愉婉之色訓二弟以勤耕課三弟以苦讀使弟輩俱臻成立並均為婚娶以成家室奉後母葉氏壽至八十六而終故人皆稱其孝友可風云

以上新采訪

篤行

士能篤志勵行，矯矯自好，始終不改其節，亟表之，以振世善俗，其庶幾乎。

明

吴文由歲貢選授上海丞，以節愛稱，致政歸，里有不給者，輒周之，壽七十終。

吴節，純謹雅重，由歲貢選授新建丞，月餘告致，逍遥林泉，人咸服其清高。

吴贊，歲貢生，朴簡端嚴，孝友至著，宰連城，清介自矢，歷官三載，一錢不取，謝政歸，結廬龍山下二十年，無私謁。

人物志 篤行

闕對

闕對

闕對

識者多之、

吴伯齡、歲貢生、性敏好學、動必以禮、正德間、市失火、齡拾得金簪、詣朝訪還其人、通津汀州、有政聲、及歸、行已端潔、爲一邑表望、

吴禮、純恪寡言、由明經出佐宿州、二年即謝政、養親以孝聞、宗族有貧者周之、家居三紀、不干有司、爲鄉評所重、

清

余滸、字數源、歲貢生、品端行潔、事繼母以孝聞、平居無疾言遽色、客獎風流、技若已有、人有不及者、以情恕

之、矜慎自持、始終一致、邑令鄧觀重其人、卒之日、爲文悼之、且親奠焉、其子鎮、淵源家學、乾隆間修理文廟、以見義忘勞稱焉、次子鎔、造詣精邃、饒有父風、亦膺歲選、

姚居厚、字粹然、歲貢生、氣節傲亢、不樂趨附、終日危坐、無情容、喜誦周易、至老不倦、邑令羅岳瑾、兩以優行舉薦、壬午秋、奉部文截取、將選而卒、

李學康、郡庠生、居家孝友、不妄言笑、好善樂施、邑建角門橋、修整文廟、皆首出重資、事兼總理、分毫確當、邑令羅聘賓、延年七十、檢各佃欠劵燬之、人稱長者、

人物志　篤行

王廷聘、字尹再、邑增生、學通經史、詞尚體要、性格端嚴、勤於事親、厚於鄰族、實爲儒林領袖、康熙四十九年、邑令李容之以文優行篤表之、

姚太岳、郡廩生、秉性端直、有古儒風、教授生徒、至耄不倦、一時名諸生、多出其門下、子必選、中年雄於貲、能以色養、岳殁後、捐己田四十把、入報德堂、備中元薦親之需、孫洙、涵、並貢生、

田登、邑庠生、爲人循謹、不事紛華、鄰里貧乏者、無不周恤、且尊師重道、義方訓子、子聯潤、明經紹志、

姚文輝、邑庠生、謹慎持己、不事干謁、友愛弟姪、人無閒

言，且佐修文廟、城隍廟，雨涉寒暑，勤力忘勞，教諭丁葵以定力長才奬之。

葉世美，二都人。性純樸，兄弟友愛。出繼伯嗣，所承嗣產不敢私諸已，鄉人義之。年二十九歲，妻殁，誓不再娶。嘉慶二年，子光岳白其事於院憲，以持義可風表之。

吴來成，字景韶，城內人，郡庠生。醞厚温恭，孝友慈愛，家無間言。且焚券恤佃，辭產立嗣，其行誼卓然可見。

藝文

王國楨，字文學，東隅人，邑增生。性端凝，豪邁毅直，不爲戚惕。利疚凡里中利弊，抗言不避，鹽害之除，與有力

篤行

焉、閭里咸高其義、子秉坤、元衡、暨二孫謨勳、俱遊庠、

姚鵬、邑庠生、東隅人、孝友慈愛、篤實率真、教諭程以孝友可風獎之、疾將危、囑其子孫曰、予提白金千兩、里有義舉、汝曹見即募為、子庠生樹蒿、增生樹時、捐社義穀壹百石、孫貢生修、又遵囑倡建宗祠、纂修族譜、助貲修造文廟、城隍廟、文昌宮、育嬰堂、暨橋亭道路、可謂象賢繩武、邑令黃給以克紹箕裘匾額、

姚涵、字國桂、邑例貢生、石田人、小心謹慎、慷慨周急、長兄洙物故、侄芝旋云、撫孤承恩、延師訓讀、代理家務、絲毫不苟、且修理文廟、不惜餘囊、首先倡捐、秉董其

事知縣鳴暨朱王兩學師贈以秉公倡善匾額、

吳來雝、字穎元、城內人、郡庠生、持己矜嚴、接物平恕、和睦鄉里、善解人紛、且喜倡修亭路、足跡不入公庭、惟專庭訓、子孫並入膠庠、邑令李以推恩睦隣獎之

姚炳、邑庠生、東隅人、性倜儻、識大義、親殁、篤愛弟妹、無間、仲弟嶶謝世、撫孤成立、讓產與之、其天性純篤、無愧古人、儒行、生四子、俱遊庠、三樹檀食餼、府志傳列孝友、

吳飛雲、字從峰、邑增生、性直量洪、不樂仕進、遇隣族有力乏者、以時周恤、乾隆壬辰、興修 文廟、量力捐資董理不懈、北門橋傾、人多病涉、力為倡修、以濟行旅、

對

對

年臻古稀，讀書不倦，教子成立，詳見後文。

姚騊，增廣生，東鄉人，持身謹嚴，秉性和易，佐修文廟，邑令鳴予以功翊膠庠匾額，繼修城隍、文昌諸廟，及捐造育嬰堂，董理其事，奉文置社義倉，捐入穀伍拾石，可謂急公好義。長子鈞培，乙酉拔貢，國子監肄業，次樹均，增廣生。

吳一桂，邑歲貢生，第一玉，邑增生，俱飛雲子，養親以色，處兄弟以和，佐修文廟，不辭勞瘁，知縣鳴暨朱玉雨學師贈一桂以贊善成美，贈一玉以力捍宮墻匾額，並獎以誌競爽。

對　對　對

沈旺璣、上沈人、寄居浦邑、善其居家、兄弟共爨、家繁七十餘口、耕讀各安其業、且置家塾、延名師課子成立、今其子藩食餼、孫之涵之瀾、相繼入庠、壽踰八旬、儒學沈給以佑啟我後匾於其祠、

張德配、字宜福、郡增生、孝親睦族、言行不苟、佐修　文廟、城隍廟、及倡建闗門嶺橋等工、學師丁以有恒不苟贈之、

葉之茂、字松濤、邑歲貢生、東隅人、渾厚和平、言笑不苟、佐修　文廟、文昌宫、及董理育嬰堂、矢慎矢勤、奬弟之苞先後食餼、一時競爽、其子榮英克守庭訓、亦有聲

人物志篤行

庠序、

姚瀛、字郎登、後田人、性豪邁、少遵父訓、試郎遊庠、凡宗族鄉隣有事、無不善爲調解、佐修　文廟、督工善爲經理、至今猶稱其爽直、

吴應凝、邑庠生、上管人、事親克孝、每逢雨雪恭作、奔墓號泣、人稱純孝、且誼切枌榆、平時建橋修路、荒年平糶接濟、毫無德色、遠近嘉之、壽踰八十終、

吴應壽、上管人、清潔自愛、厚親族、睦鄉黨、凡里中修道路、建橋梁、無不首倡樂成、人咸稱其樂善不倦、

季天魁、字世翰、西隅人、歲貢生、性耿介、饒有古風、嗜讀

書、屢膺鶚薦、且留心古文、至老不倦、孫聖功、蜚聲黌序、克紹前徽、

吳其璞、字月山、國學生、賦性豪爽、尚義踈財、尤篤孝友、母年邁、晨昏定省、不離左右、偶有疾、扼腕撫膺、誓以身代、事兄盡恭、撫孤姪克盡慈愛、而教子獨嚴、其子由案首入泮者三人、總無譽子之癖

吳東垣、字楚厚、后田人、國學生、正直耿介、急公好義、督建兩侍廊廟、登雲橋及宗祠、疏通趙公水堰、不辭勞瘁、至公無私、年六十而卒、鄉里惜之、

吳建武、西陽人、醕樸尚義、修砌角門嶺及棘蘭隘路、各

人物志篤行

數百餘丈、捨祖入祠、薦祖置業、為兄立嗣、凡橋亭義舉無不樂輸、鄉里稱焉、

吴恒晶、字崑山、大濟人、邑增生、幼失怙、事母以孝聞、兄衷明、服勞盡職、性尤好善、捐田以佐賓興、平糶以濟荒歲、凡地方善舉、無不慷慨樂施、知縣吴贈以德厚流光匾額、今孫文淵、文斌、克承先志、

許汝明、字振郎、竹口人、耆賓、性孝友、好施與、敦本睦族、捐祖入祠、修橋砌路、悉力贊勷、知縣呂、贈以年高德劭匾額、孫作舟、歲生、多善舉、克繩祖武、曾孫耀昌列庠、

姚廷銓、字秀升、后田人、太學生、稟性溫厚、凡遇善事、輸
捐樂成、知府陸以嘉惠桑梓、恒以義同榆粱額嘉之、
丁可富、字水璘、中村人、秉性孝友、慷慨樂施、凡亭廟橋
路、諸義舉、無不勇爲、卒年六十有一、子增貢生思濂、
克承先志、知縣葉舒呂疊獎以學隆經術、行表言坊、功溥
利濟匾額、
蔡克奎、竹口人、邑庠生、居心長厚、地方善舉無不踴躍
贊成、尤篤友愛、兄早卒、撫姪成立、壽至八十六歲、人
稱積德之報、子國隆、庠生、國鈞、職員、均善繼志、
吳元圭、字開富、荷地人、性純謹、友于兄弟、人無閒言、子

闕對 闕對 闕

際陞、候選從九、有乃父風、

吳應辰、字雲衢、西隅人、國學生、性孝友、持躬尤耿介、兄弟四、辰居長、同父創業、父病革、密謂辰曰、余昔藏金某處、將以遺汝、辰唯唯、父卒、同諸弟啟所藏、均分之、析業時、以磽田歸己、肥美者讓諸弟、宗黨戚稱之、子嘉純、廩生、亦有父風、

姚庠、字初登、邑庠生、植品端方、足跡不入公庭、尤樂善好施、知縣樂贈以行齊伯高匾額、

姚基、字克順、邑增生、質穎悟、通經史、洞明易象、深悉堪輿、著有愛梅說、九旋操解、待刊、性孝友、善事繼母、人

無間言、享壽八十五歲、教諭朱贈以持躬雅尚、公而恕。接物尤難、謙以恭。楹語、

葉榮英、字伊亭、東陽人、恩貢生、敦品讀書、絶無非分之干、道光壬辰、繕修邑乘、與有力焉、子懷珍、遊庠紹志、

姚士元、字殿選、邑增生、工文藝、精賦律、試輒冠軍、性孝友、誼篤天倫、操守尤不苟、士林器重之、

吳懋本、字達德、黄壇人、邑廩生、性穎異、好讀書、誼敦孝友、樂善不倦、子爲鵬、增生、爲光、廩生、克紹前徽、

姚一煥、字煥然、邑庠生、經術湛深、有原有本、且孝友兼盡、尚義疎財、知縣舒、以自是存心真篤實、睟然見面

人物志篤行

有輝光楹語贈之、

范紹文、邑庠生、為人公正、倡修亨利橋、梧桐亭、悉心董理、子德升、國學生、克承父志、

姚冠、城內人、號魯儒、附貢生、性長厚、尤善承祖訓、捐節孝祠祀田、建停棺所、歲歉平糶、多行善舉、鄉里稱之、

范登雲、南陽人、邑庠生、秉性豪爽、慷慨仗義、凡修造橋亭、與不多方贊助、子雄豪、國學生、雄才、武生、均克紹前徽、

吳其濬（容）、字有臨、后田人、邑庠生、性毅直、善屬文、凡修建橋亭嶺隘諸善舉、靡不踴躍贊助、知縣陳以東正堪

嘉額表之一

以上舊志

篤行

李觀韶字美齋城西人增廣生性恂謹寡言笑董理公款皆實事求是孫克貞遊庠克家畢業

吳彥彬字郁齋西隅人邑庠生性孤高謹守儒素設館教蒙務培植其根柢故造就者恆多成材

吳美仁字里宜西隅人邑庠生為人樂善好施城西患於水獨力修水碓以捍之歲飢減價平糶實惠在民子廷謙列成均孫逢源明經

吳美泮字芹池城內人國學生持躬狷介待人和易可親董理書院一介不苟膏火之貲倍增邑侯

何文熤稱其志潔行芳陸沈兩儒學贈以行
伯高區額可想見其為人矣子廷鑑廷信列成
均廷獻黌聲庠序
吴廷楨字訪巖城内人郡庠生淹通經史指示後進歷
歷如數家珍遊其門者道公焱然性尤好善減
價平糶勉為其難貧民咸賴焉孫繼藩以軍
功由司務長陞軍尉
吴湲字逢源城内人邑庠生謹身節用以養父母從
無疾言遽色子弟化之率皆渾厚一門雍睦家
庭之内肅若堂簾子其標孫廣生員

閱對

吳有書字載籍城內人歲貢生秉性耿介孤芳自賞寒畯中有可造者則不憚薰陶身為書院賓興董事而足跡罕至公署邑侯湯公贈以澹臺高風匾額子四並列成均

閱對

吳廷忠字貫日城內人清縣丞獎五品銜為人急公好義經理公款力加整頓為邑鉅紳垂四十年歷任邑侯咸倚任之任自治委員清查社穀由歷民政長記功以獎之子朝冕列成均朝元入邑庠

對

余榮森清庠生后田人持躬嚴正志行不苟凡地方

一邑志 篤行

闕對 闕對

公益善舉無不樂為贊助為人外溫厚而內剛方
里居課徒以端品立行為先從遊者咸敬憚之
子炳光邑廩生克承先志

林增明新岱人性友愛力雄大一日偕兄登山忽遇
虎兄被虎啣去約里許明持斧力追之與虎敵虎
竟傷負兄回雖呼救莫甦尚得全屍其義勇如
此壽九十六里人為之慶祝舉明杯歡飲一笑而
逝

蔡建字商器柏渡間人監生性耿介不事浮夸敦倫
睦族事親素以孝聞藹藹然有吉士風

鮑朝木北鄉人性樸行敦雖貧不苟取鄉里所欽式年九十有六覽書不倦曾玄孫二十六人辛時五代同堂福祚之厚卓越一時

楊德炳八都槎溪人國學生性慈祥精醫理爲人治病不受酬貲力謀公益如施棺會如龍橋下游路文昌閣皆其首倡清光緒二十六年歲荒傾囊運粟貶價以濟窮黎知縣紀朋陵以好善樂施匾獎之邑紳姚文林爲作家傳贊揚盡至

謝雲林七都張地人至性過人篤於伉儷有鴻案風妻孫氏於光緒八年病故雲林年僅二十九即

守義終身不娶民國七年有爲其聲請褒揚者轉多方婉阻之可謂篤於人倫而淡於榮利者矣子華聲韶樸有父風

吴俊彪字騰萬邑庠生博通經史殫見洽聞道光壬辰修志與叔庠生升階歲貢大新蔭職履祥同贊其成生平輕財急公凡橋梁驛路郵亭均踴躍輸將子銑文候選從九孫肇洲肇豐克紹前徽曾孫引年占年卜年甲年辰年均頭角崢嶸

以上舊采訪

薦紳

閱對

季裕字申祜清庠生黃壇人性直而樸不尚夸張勤辦竹鎮高小學校慘澹經營煞費苦心晚年究心醫學術能活人鄉里德之

閱對

許希仁字象山清庠生竹溪人性醇謹行端方慕建阜樑橋協辦高初小學諸大端不遺餘力任勞任怨亦所弗辭實為桃鄉辦事之能手

閱對

蔡邦雲耆賓大澤人性忠厚尚古樸生平無欺詐心待人而敏事慎言尤堪為地方矜式

閱對

蔡祖西字盧山清廩生大澤人夫資卓犖具幹事才清

人所共、篤行

薦衡

閱對

李光緒末葉聞張香帥創辦南京武備學堂遂抱革命思想科舉停後奉省令組織教育會創立竹鎮高初兩等小學校北鄉風氣實此為其先聲

蔡郊清監生朱鵠人胸懷灑落強毅有為過地方上有鼠雀爭排難解紛一言可以折服齊家有道五世同居年逾九旬不疾而逝

閱

閱

照稿

吳尊五字運謀清庠生底墅人生平果決見義勇為

乾隆辛未歲饑鄰封遏糶鄉里幾無生機挺然

到縣請移賫文出使始獲弛禁得活生命者不

不計其數奈天不假年人皆惜之

吳思醇字人良清庠生底墅人性仁慈好施與立德

立言有為有守不畏强不凌弱仲山甫之遺徽

猶未墜焉子四人均游庠有名文庠

已見舊志善良第四十七頁此着重出可删

閱

吳其慶字自求后田人清附貢縣丞銜公平處世孝

友持躬與弟其元同居四十年爾友我愛和氣萃

人物志 篤行

於一門鄰里鄉黨共仰高風傳見藝文

坐新采訪

校對

尚義

博施濟衆聖猶難之而一鄉一邑災祲時有不能無藉於補苴或輸粟或捐資隨其大小皆稱義舉策其名標其行當亦有聞風而繼起者乎

明

葉仲儀西隅人正統五年庚申大饑儀詣闕輸粟一千五百石助賑詔旌義民戊辰十三年又饑儀仍輸粟五百石表賜冠帶授七品散官賜宴大官殿後建學偕弟仲玉姪汝寬助金三百兩祀忠義裔孫芝茹奉祀今方中接祀

舊志義

吳彥恭六都芸洲人正統庚申同葉仲儀各輸粟一千五百石表旌義民祀忠義

周公泰周墩人成化十四年戊戌大祲納粟一千石賑饑有司詳其事表旌其門祀忠義

吳克禮西隅人朴素自持正德時上粟例授冠帶捐金二百兩磚砌縣道縣令陳澤旌其門曰尚義祀忠義

葉荷東隅人秉性渾厚尚義好施九都竹口街衢崩毀獨捐貲磚砌往來頌之祀忠義

吳叔寅慷慨樂施市失火拾得釵環次日訪還失主萬曆二年饑田租悉蠲不取祀忠義

吳沛，公直好義。時鹽商騰價害民，沛毅然𧾷愬於省憲，二歷寒暑，勞苦弗恤，多捐己橐，及蒙院司批准，包引納課，鹽害始除。祀忠義。

吳道揆，字汝濟，下營人。天性孝友，尚義輕財。嘉靖二十五年，造城，奉文變賣慈照、慈相、伏虎三寺田充費，揆納價四百餘兩，田歸三寺。萬歷元年，捨田三十六畝入學，道府旌其義。一切賑饑濟貧、建橋修路，口碑載道。子儒俸、伸，皆居官有聞。祀忠義。三寺僧衆感恩，每歲三元備齋薦之。

王繼滔，字東源，秉性慷慨，通曉大義。萬歷三十六年，捐入上滁田大租肆拾石，以備修葺學宮之費。其子錫

倅官仙居訓導、誠敬感人、訓士有方、一時士林宗仰、
亦積善餘慶之應、
清
余槐、字德三、少好讀書、工文藝、屢受知於督學諸公、爲
明經領袖、邵令募建書院、即出白金五十兩爲諸生
倡、兼董其事、遇歲饑、煮粥賑濟、活者甚衆、子漳、天性
孝友、疏財仗義、與兄湛同爲名[知]士、父殁後、兄繼卒、撫
二弟成立、俱登庠、乾隆四十九年甲辰奉文截取耒
任、卒、
吳宗賢、字繼孟、邑增生、學重簡默、懷慨慕義、獨修西門

外路二十餘丈，佐修文廟，首先捐資。縣令唐若瀛贈以品重璠璵。乾隆四十七年城市絶糶，往松買米平糶。縣令王恒贈以倡義惠人，各有匾額。子銑、有慶俱遊庠。

吴昌興，國學生，后田人。見義勇爲，修宗祠，造春亭，凡橋亭道路，或獨力建造，或捐入粮田，計需資叁千餘兩。知縣具詳各憲，已奉旌表建坊。道光二年建育嬰堂，又捐田拾畝，紋銀壹百兩。知縣樂詳請督憲帥給予情殷懷幼匾額。今其子體人多行善舉，亦能善承父志。

姚鸞，字和齋，（報單）邑增廣生，時年九十歲，城東上倉人，尚義

人物志·尚義

踈財嘉慶十年乙丑建節孝祠費金捌百捌拾兩邑
侯劉種桃教諭吳沃有記十二年丁卯修濟川門外路費
金貳百貳拾兩十四年己巳邑侯吳沆卒於官署廉
橐無餘賻貲叁百兩運柩回籍十七年壬申建番墺
積善亭及藥亭前通濟橋並砌該道路共費金貳百
肆拾兩道光四年甲申郡城建試院獨輸洋銀叁百
員五年乙酉捐置社義倉穀倡輸肆伯碩六年丙戌
修郡學獨輸洋銀玖拾員是年又命三孫園砌甃磨
手嶺上建世美亭造大士閣捨茶田捌拾把通費金
壹千捌百餘兩縣令黃煥有記至叙宗祠修族譜建

嬰堂、造渡船、累費柒百叁拾金、舉凡掩骼、買修寺廟無不樂施、七年丁亥紳耆舉報、有司詳其事、各憲核看具題吏部議奏、奉旨依議、欽予州判職銜、知縣吳綸彰贈以熙朝嘉善匾額、十年庚寅復出貲叁拾兩、助育嬰堂經費、十一年辛卯江南水荒、奉文捐解賑饑、倡輸洋銀拾員、本歲郡城修通濟浮橋、又獨輸錢肆拾千文、府憲劉榮玠以樂善不倦嘉之、附載藩憲心覺羅慶善看語

品端行潔、志善心慈、本立道生、不吝輯譜建祠之費、安人修己、何惜築橋濟渡之資、獨輸黌宮之工、以昭景仰、慨送回櫬之助、用報花封、憐峻嶺之崎嶇、平險恐

後闡幽光之潛德，建祠爲先，廟貌聿新，囊無不解，康衢平坦，金所必捐，藝林傳仗義之名，嬰院感推仁之德，千箱米穀歸諸公社之倉，五畝耕田盡作烹茶之舉，八十五齡之樂善，耄耋彌勤，四千七百之好施，輸將有益。

葉邦馨，國學生，東陽人，賦性純良，持躬克儉，里有艱於婚喪者，求之無不樂助，且若修道建亭，捨地建社義倉，暨獨造打鼓嶺觀音堂，美不勝舉，尤可嘉者，每遇歲歉，首倡減價平糶，邑令黄以尚義可風額表之。

吴義枚，二都人，秉性温厚，子先登，國學生，樂善好義，嬰

堂社穀量力捐輸、邑令樂以仁 徽慈愛黃以見義必爲疊予匾額嘉獎、

周增松一都人、樂善好施、獨修濛淤嶺二十餘丈、孫永福監生復建濛淤亭、並捐灘壪田四十把永爲茶大之需、邑令樂以惻隱爲心、黃以好義裕後疊予獎勵、

姚樹德城内人介賓品端疎財仗義修無疆堂建太平橋捐田租備修葺平險道築孤坟善行卓著知縣黃贈以光前裕後匾額子成園冠均克承父志、園黃煥另有記

以上舊志

閱對

尚義

清

吳新成字秦然家本中人而生性樂善修西關外路至野莊出己貲百餘金重建絃歌坊修順濟行宮砌石龍山嶺並建亭於山面凡善舉恒孜孜不倦邦人皆尊崇之子邦瀚入國學孫逢年增廣生

吳美金字在鎔恩貢生秉性嚴正品學兼優居家力崇節儉至地方善舉則慷慨解囊儲積穀置書院籌資興修志書首捐金重以倡之其他公益

閱

對

無不樂輸子有杰有書貢生有勳有欽入學國

英有杰字步周例貢生美金長子能世濟其美家業

倍增而善量則更恢宏凡有勸募首屈一指歷

充同善堂育嬰堂董理添產業節虛送倉實事求

是君每論推崇嘗督造公署資不給數百即獨力

捐足之其慷慨有如是者邑中舊有平糶減價

太甚為富戶累有陰圖賸削貧民者而杰始終

泰然行仍其舊窮閻尤感頌焉子四朝楳朝樹

朝英援例入雍朝珍庠生皆樂義急公能世其

家

對 對 寧

胡紹虞住竹坪邑庠生平日疏財仗義盡心公益首倡東鄉教育開辦竹坪兩等小學身任校長八年不支薪給金尚墊銀洋貳百七十元以維持之

吳懷德字作饕舉水人國學生善理財富甲東鄉遞年減價編户分糶凡慈善類樂於解囊光緒壬午修砌步蟾橋下通寧壽大路捐洋百元甲辰結砌白鴿𡽪嶺捐洋三百二十四元後遭水復修捐洋壹百五十八元捨重租四十把值銀二百兩爲遞年劉剎之用戊戌歲歉出資運米耗蝕洋三百八十五元造濛淤橋捐洋百元宣統三

人物志 尚義

年興辦逢源高小學校捐上市斗八重租二百把值

銀千兩邑侯王壽頤贈以德隆齒裕匾額壽七十五終葬日合村

設祭沿途拜頌其德子二文濤游庠文茵成均

孫四傳詩傳禮傳芳入國學傳芬尚小畢業

姚

菁字育梓玉田人清國學生加捐縣丞銜急公好

義遇歲歉輒減價平糶為玉田領袖凡橋梁道路

無不慷慨輸捐子華封清邑廪生緯有文風有

有傳見藝文

以上舊采訪

閱對　閱對　催

尚義

季作豪字永益乂都桃坑人獨緣建造陰陽橋及蓬橋築橋共九所約費二千金知縣吴綸彰程慶森先後贈以急公好義及名重德誼匾額壽至八十二終

縣丞季斌字顯榮乂都桃坑人樂善好施咸豐八年建築黄坑隘即今之黄坑關助錢八十千同治三年處郡修城輸洋一千五百元郡主清安以修城輸捐功獎賞其子廷模廷楷廷恩廷槐各六品銜四年饑催夫往太順百丈口運米接濟費銀千餘元又年捐捨文翁祖八十把田坐大濟土名雙關壟八十造角門嶺橋貼

尚義

洋五百元彭知縣贈以世德作之匾額

監生吳步洲七都黃坑人倡捐社穀惠及鄉里知縣梁安甸贈以質直好義匾額

范昭時二都南陽人例貢生終年七十三歲平生儉約自處忠厚待人鄉里排難解紛無一字入公門迨家道裕如常憫人貧苦減輕佃租施粮食里人德之雖未讀書聊解文字晚年好行善事凡道路涼亭傾囊佽助村之下流有亨利橋清光緒三十年被洪水推流獨助千金外捐貳滯首先墊用迨告厥成改名係安橋後連生五丈夫子咸謂積善之報長子春芳少而岐嶷弱冠遊庠次子友瑜三子有琳能守能創四

子有瑯恪遵父訓樂善不倦五子有理高小畢業現任村里委員會守正不阿弟兄雖多而友于甚篤民國十九年三月廿六日而保安橋造被烈風吹倒使無繼起者為之慷慨提倡則是橋工程浩大安能成事乃友瑜獨捐金一千而友瑯等亦湊成一千村人被其感激亦皆踴躍資助頃刻間即南陽一村助款亦達四千金曰是橋之成可指日待爰是鳩工庀材任勸募任監督任會計分任進工不十月而工程已竣易曰積善之家必有餘慶詩曰宜爾子孫繩繩蟄蟄是真昭公積善之報也宜清前縣主何文耀賜匾曰樂善知貧丁良翰賜匾曰望重□社湯瞽清賜匾

尚義

曰白屋名士有試而譽實至名歸復何愧焉

范紹光二都南陽人國學生生纔數月慈父見背躬承母訓恂恂在鄉儉約自持及長承父餘業濟困扶危與世無爭於築橋造路善舉傾囊輸助生二子長尚塱次尚璋均納粟國學清光緒三十三年造村下游保安橋提助一千元鄉人義之

周肇文號大生久住洋人清季納粟國學奉縣委任慶景保衞團團總并任底洋聯合村里委員會於地方辦團練辦學校首先提倡任怨任勞江前知事募捐圖書館助金百元舉報省長沈獎給徽章一座以旌

尚義

葉遠發齋郎人年六十八歲樂善不倦不講居積家道小康每年兩子菰山賺入餘資即施捨各村道途涼亭之用村之鄰近東西南北履險如夷皆言全仗此君之力如己力不足則四方勸募涓滴歸公僉謂此人不可多得

吳德茂荷地人疏財仗義宗族之有貧乏者多賴周卹民國八年同善堂募捐款德茂慷慨捐助知事江宗濂賜匾曰樂善好施尤熱心公益民國十一年建築全石橋是橋爲通閩浙要道德茂獨任勸捐奔走慶景

之間櫛風沐雨不辭勞瘁橋頻以成至今人咸稱之

吳文茵一都舉水人家小康生平急公好義凡遇善事咸公益踵門叩請無不慷慨相助甌海道尹黃慶瀾贈以熱忱慈善匾額後嗣傳芳傳芬繼志述事亦綽有父風

吳珣字闇郁一都舉水人少讀書及長對於事理咸多通曉後因困於環境迫於家政未能遂意進取惟賦性沈毅勇於任事凡遇地方善舉如興辦教育均能盡力扶助以俾成功曾經省長褒獎以三等嘉祥章後歷任舉水區立初小暨高小校長民國十一年選

閱對

閱對

為第二屆縣議會縣議員現今子孫繁昌盛亦由其好
義所致云
吳傳禮字秉衡一都舉水人少讀書通文理後投筆經
商克勤克儉唯性好施與見義勇為如營修橋路及
一切慈善事業凡有所需均慨予無吝容本邑同善
堂曾受其助不少焉事聞省長授以二等銀色褒章
茲嗣續綿綿均露頭角人咸稱其為積善之報云
吳傳詩字秉庚一都舉水人性聰穎好學能文科舉停
後家居讀書村中多事常以排難解紛為己任且樂於
善舉如建築步蟾橋詩力為多且熱心教育曾任舉水

人物志 尚義

匾立高小校長有年本邑同善堂經費亦受其惠縣

令江宗濂呈省授以二等銀色褒章以爲尚義者勸

以上新采訪

周楠　三都嵐後人，清國學生。為人秉性忠厚，好尚施與。民國七年時建設模範國民學校，慨捐墨銀五十元。江知事宗濂曾以「澤被菁莪」匾額顏其盍。

善良

純謹渾厚、本於天性、其人皆足鎮頽風而砭末俗、今擇事之可傳者、概列於此、以寓激勸意、

明

吳溥少業儒、以古道自期、有族侄逋粮受刑、溥以白金一百五十兩予之、侄廢業以償、溥不受、年七十親友有爲壽者、溥曰、吾少不顯揚、老無樹德、安敢言壽、醇朴謹厚、其性然也、捨田四十畝入勝因寺、寺僧如怡共薦焉、

吳墳以孝友聞、不爲利疚、堂叔怡乏嗣、諸猶子爭立、惟墳應承嬸姚氏亦欲子之、墳曰、古人遜國、豈異人事、

堅避不嗣姚氏分金三百，併不受。

李廷瑞，字子祥，西隅人。資性明敏，涉獵經史，事母敬養備至，孝友感人，里族皆爲之化。

清

吴世哲，字兆明，介賓。少失怙，事母以孝，性厭羶，逐末嘗因利一字取憎戚朋，和家睦族，有古儒風。耿賊陷城，擄取財寶，合邑驚惶逃竄，哲自據案讀書，絃誦之聲達於户外，賊聞之相戒勿入，族賴以安。賊平後邑令梁允桓首舉賓筵，時論榮之。

余世球，好善樂施，周恤隣里，曾獨力重修詠歸橋至各

對　對　對

道路凡有違修不惜重資康熙二十六年邑令梁聘

舉賓興延子勳明經紹志

葉作濤遂北門人賦性忠厚志存周急雍正三年北門火

災濤遂亦被患族隣有遭難者先給米穀并出白金按户

分散後遷居東門閭里感其醖厚咸稱長者邑令鄒

儒訪聞贈以忠厚傳家匾額

吳邦勳郡庠生好義輕財橋亭道路多所倡修乾隆四

十九年歲饑鄉民乏食勳貸百餘金往龍滽買穀以

濟人佩其德嘉慶元年覃恩賜八品頂帶

劉春華家

貧好善至老不倦倡修裊橋及角門橋至今來往咸

人物志　善良

感之、
吳兆桂友愛多樂義舉倡修梧桐嶺並建甘霖堂復捐
租五十把為茶火需往來稱羨邑令熊贈以光前裕
後匾額子星海亦以孝義聞舉賓筵、
李上機黄壇人庠生好施予嘗捐田入神農社並竹溪
文昌閣寨後嶺頭亭等處乾隆三十年乙酉夏里族
被火機戶給粟一斛所濟甚眾明年松溪李源村火
濟給災戶亦如之、
田聯滔竹口人監生為人樂善好施嘗施棺板有死無
所歸者受其惠乾隆十七年邑令鄧觀以情深濟物

表之。

葉德賜，壇湖人。賦性誠實、志存周卹。遇年饑，儉以自奉、煮粥濟人，鄉里德之。

吴元瀚，邑耆民。純謹溫厚，足不履公庭，身不隨凡俗。時嗣母早故，生母猶存，視膳不諼，伯仲且樂善好施，惠周行旅。四代同堂，壽踰八袠，邑令李額以"齒德偕尊"。

李學勤，號懋亭，邑庠生。資性穎敏，植品端方。嘉慶辛酉協修邑志，校正多出其手。壯歲喪偶，義不再娶，士林嘉之。

葉邦達，東隅人。敦厚篤實，耿介自矢，處家庭，分多潤寡。

人物志 善良

垂閱

父親隣損己利人訓子成立長子之茂貢生次之蓺亦食餼學師蔔以耆英著盛嘉之

周瀚才邑貢生四都人樸素簡默持己端方且詩禮垂訓四子俱入庠序章胡兩學師以畬經世德贈之

姚匡宇國俊國學生后田人淳謹渾厚樂善好義嘉慶五年獨建喜鵲坳嶺亭一座便人休息又念茶火無資亭側復造房屋一棟爲管亭人安寓並捨入田租六十把爲茶火需行旅往來人多利賴

練學廷國學生后田人居家孝友慷慨公平處己待人謙恭可挹邑令黄薦舉介賓贈以齒德兼隆匾額

人物志　善良

黎朝璠，字仲官，十一都朱塢人。居心正直，處世敬和，治家嚴肅無苟，然諾不妄言笑。嘉慶乙亥，邑令譚暨鄭王兩學師薦舉賓筵。子遇龍，孫言，入國學，聲亦列庠。

楊茂贊，西溪人。壯歲喪偶，家雖小康，義不再娶。壽臻耄耋，目見四代。且獨建村橋，往來人無病涉，鄉里德之。

邵文元，姚村人。行端性樸，樂善不倦，里中橋路無不傾囊修葺，且義方有訓子。安仁入國學，友仁、體仁俱入庠序。邑令樂以品重南金，黃以望重鄉評，疊予嘉獎。

吳先經，字厚文，上管人。歲貢生，篤嗜詩書，樂善好義，道光辛巳，邑令樂首舉賓筵，贈以崇德文望匾額。黃[illegible]

以深明經術叠予嘉奬、

吳先飛字反羽邑庠生上管人秉性渾厚喜施與不趨勢利足跡從未履公庭醖風古處一鄉稱善、

吳元榮上管人溫恭和厚持躬謹慎奉養雙親怡顔悅色誼篤婣睦推信立誠鄉里奉為表式、

吳起元后田人性慷慨處事勤謹持己待人悉歸謙恭、凡有義舉罔不樂為他如倡修榅坳嶺鑿石七百餘丈經理城隍廟不辭勞瘁城鄉善之、

張明裕黃沙人忠信待人義方訓子且助資嬰堂社穀、捐修橋路郵亭無不樂成邑令樂以圭璋品望奬之、

劉璩字温庭，五都人，邑庠生，賦性渾厚，處事公平，且情殷義舉，倡修橋亭道路，無不傾囊相助，儒學沈以儒林模範贈之。

吴象謙邑增生，上管人，稟性豪邁，工八法，得屋漏痕折釵股遺意，志士林重之。

姚平後田人，自號蘭亭居士，專工大小楷書，有魏晉人風格。子琴貢生，亦善書。

蔡克元竹口人，邑庠生，秉性公正，植品端方，凡遇地方公事，悉心董理，毫不涉私，鄉里重之。

吴望烈邑耆賓，大濟人，秉性渾厚，好善樂施，知縣莫贈

閱

閱

對

對

以品重鄉評，匾額。子墉國學生，克承父志，遇歲歉，減價平糶，且輸社穀，修道路，一切義舉，咸樂贊成。邑令黄以誼重枌榆褒之。又捐租入育儲二莊，以佐賓興之需，士林咸重焉。教諭沈有記。見學校

葉維順，齋郎人，爲人誠實好義，建造橋亭，修築道路，不惜重資。子家選國學生，善繼父志，亦慷慨好施，邑令吴以一鄉善士表之。

范連捷，大岩人，公直好善，修築橋路，無不樂爲。子邦仰能體父志，捐社穀，助嬰堂，樂善好施。邑侯樂、黄俱有匾獎。孫耀文等多入庠。

吴慶十字鼎之，東隅人，性仁慈，樂行善舉。當耿逆擾境，

屍積盈巷，鼎之出資築大塚城南，盡取暴露埋之，至

今人稱道不衰云。塚石砌現存。

吴一麒，西隅人，邑增生，品端孝友，克全足不履公庭，義

方是訓，子孫並入庠，次子虞薰，長孫美先，俱食餼。

吴治宇亮功，西隅人，國學生，持躬端謹，處世和平，壽踰

古稀，四代同堂，值歲歉減價平糶，邑令黄燦贈以誼

重桑梓匾額。子美金，明經；孫有書，列庠。

吴思韶，底墅人，邑增廣生，性温厚，好施予，持身尚潔，教

子有方，子懷璋、桂璋、炳璋、耀璋均列庠，壽逾古稀，後

人物志 善良

裔繁昌，足徵爲善之報。知縣宋贈以盛德兼隆匾額。

姚成，城内人，號纘堂，國學生。急公好義，善體親心，贊襄義舉。歲饑減價平糶，有德閭里。知縣吳綸彰以德並善明，表其門。

蔡化龍，字邦佐，朱塢人，太學生。性和厚，尤好義，凡建造亭橋諸善舉，慷慨樂輸。知縣范贈以碩德望重，呂贈以克紹箕裘匾額。終年八十八歲。子監生魁，亦能繼志。

吳肇文，字開創，邑庠生。急公好義，訓子有方。子繼熙入國學，際泰遊邑庠。孫桂森亦克紹志。

姚遠聲，字和齋，國學生，嗜學不倦，尤好義，輸社穀，修社廟，倡建集義橋，捐田以備修葺。知縣林步瀛獎以見義忘勞匾額，後以孫時澍貴，貤贈武都尉、都司銜。

吳肇珍，字闢業，例貢生，性毅直，尤尚義，凡橋亭道路諸善舉，無不踴躍樂輸，鄉里稱之。

余光通，高滌人，為人忠厚，尤仗義急公，凡修嶺建祠，反倡修會館，悉心董理，鄉閭重之。

吳步文，字闢田，荷地人，忠厚樸實，四代同堂，子滌淋，身列膠庠，克紹父志。

吳家齊，字登堂，后田人，國學生，幼失怙恃，知自檢束，尤

人物志 善良

急公好義，凡地方善舉無不樂施，歲歉減價濟饑，鄉鄰德之。（傳見藝文）

范紹光，南陽人，國學生，性慷慨好施予，凡里中橋亭道路無不捐貲倡修。弟紹榮亦多行善舉，鄉里稱之。

范潤榮，南陽人，有古風，秉性豪爽，慷慨仗義，凡修造橋亭無不多方贊助。子孝德、元泰，國學生，均克承先志。孫瓚聲，列緒庠。

以上舊志

清

善良

姚叙字敦揆東隅人邑庠生為人疏財尚義親戚友朋嘗分多潤寡善醫藥診治天花更有專長活人無算子嘉熙[國學生]振家聲業醫世濟其美

姚簡字默齋東隅人邑庠生丰裁嚴峻以訓俗型方自任勸捐積穀及修邑乘與有勞焉工於醫屢起沈痾廣文謝采贈以妙手回春匾子嘉韶孫瑋並入邑庠

吴美韶字學禮札城西人國學生為人恂恂儒雅親仁

人物志 善良

善鄰地方善舉量力輸捐足不履公庭而訓子
則有義方子廷梅邑庠生

吳美琛字荆山城内人增廣生為人品行敦端方善青
囊術嘗經理義渡橋屢被水流改建其地行者
德焉陸廣文彙報介賓贈以淵源家學匾子烜
入邑庠

練達情字茂選后田人廩膳生為人誠實不欺排難
解紛不惜勞瘁凡地方善舉及可以成人之美
者無不委曲求全子四經入泮綸等並學校畢
業

姚文蘭字素軒城東人廩膳生爲人和易長於言語親戚故舊有故輒爲之排難解紛兄弟九人聚處一庭從無詬誶聲地方善舉則量力輸助並未聞有難色云

吳煥辰字爲龍城內人邑庠生爲人急公好義董理社義倉勸捐積穀前修邑乘采訪不遺餘力凡地方義務無不竭力贊成焉

瞿嘉耀字德明國學生三都根竹山人爲人誠慤孝弟力田家法整齊造崎嶇之路修來往之橋築亭建廟並踴躍輸捐厥弟嘉輝友愛之深有姜家

入鄉志 善良

同被風子三並列成均

周曰庠字新民玉田人附貢生父禮附生父歿兩弟俱幼而提攜教誨均庠身任之且多行善舉如倡捐集義橋董理社義倉不辭勞苦至公無私子四書文典（遊庠畢業）瑾俱有聲庠序克承先志

李廷恩字以德七都桃坑人持躬端謹處世和平清咸豐間以父捐修郡城欽賜六品銜縣丞贈以望重鄉評宣統二年鄉里公舉為本區自治議長民國二年復選為縣議員七年江知事以第四區保衛團團總職委之

吳登揚隆宮人邑監生舉動端方公平正直且樂善
好施凡里中橋梁道路庵堂廟宇有敗壞者罔
不踴躍為首清林縣主以一鄉善士匾額之贈
子鳳池不改父道宣統二年鄉里公舉為自治
議員民國二年復選為縣議員並曾任國民小
學校長

劉煥章隆宮人邑監生稟性質樸訥言敏行勤儉治
家遇地方善舉無不樂施清何知縣贈以忠厚
傳家匾額

吳廣傳隆宮人邑庠生處世公平言行不苟修道路

造橋梁無不慷慨足尚梁知縣以先前裕後匾
額贈之
余朝美四都高滘人前清太學生為人醇謹遇善舉
奮勇直前不避風霜雨雪邑中橋亭道路賴以
成事者甚多終年五十有四遠近為之悼惜迄
今子孫蟄蟄人咸以為積德之報云
蔡旅康字福疇中濟人貢生性敏好學博覽羣書工
書法善咏吟辦理十都社穀施棺捨藥修築橋
路諸善舉邑侯蔡烜以德澤流芳表其舍梁安
甸以克襄義舉匾其居四代聯堂享壽七十有

垂

二 墓記銘

蔡楨字國材中濟人庠生廩潔自矢立志孤高好讀
地理河洛醫宗金鑑諸書父病臨危齋戒沐浴
禱告於天願減壽十年加諸父後病愈果驗其事親
若此平日曾組織北區六月明安會計垂久遠桑梓
德之子允中優行增生
周桂攀字瑞齋北鄉人貢生器宇恢宏好善不倦歲
荒賑恤貧賑饑視為急務至如育嬰救生尤樂而行
之同治間縣尹劉以必有餘慶呂以積學流光
先後贈額表厥宅里馬子之楨字景福入邑庠

能繼父志

周之楨，字景福，山頭壟人，庠生。琴書自樂，勢利不趨。凡歲遇荒歉，則恤貧濟急，疏財重義，不苟言諾。嘗以季布期自期。子邦馨，齡游庠，光緒末葉，志求新學，由東京早稻田大學博物科畢業。

郭國瓊，下沈人，監生。爲人慷慨，樂善好施，醫宗和緩，救濟甚多。且董理北區育嬰會，不取薪金，獨力建祠砌，修道路，鄉里咸高其義。

范榮亮，字忠亮，國學生，石田人。敦厚篤實，樂善好義，凡有公益，靡不贊成。尤知務本，捐貲提倡，叙建祠宇，宗族親之。陸沈兩師舉鄉飲，以望重賓筵。

閱對

閱對

額贈之子紹基增廣生輕財仗義克承父志

吳鼎勳字訓泰國學（邑庠）生增生維鏞曾孫孝友之英孫

邑庠士來雖子也青緗母也（世業）萃於一庭凡有善

行義舉悉力贊助至今人咸飄（稱）之子俊彪亦蜚

聲庠序學師沈鏡源以衣德紹美並附跋語旌

其廬孫銑文從候選從九亦善繼志

胡國先字廷獻青竹人太學生幼失怙恃甫長成力

持門户凡遇慈善事業力行不怠鄉里戚族咸

交推之林邑侯以怡裕可風申知縣以協襄我

舉額其閭其見重於當道如此子自枋讀書游

庠能世先志

胡國輝字廷彥青竹人太學生生平倜儻剛直善爲人排解糾紛人咸德之尤好行公益事業鄰近橋亭道路多賴其成清陸徐兩儒學以先大門閭額旌其居知縣紀亦錫以匾額曰書香丕振迄今里人慕其行誼猶追思不置

馬子佐周亦綽有文風

張韶字九成東隅人淸歲貢生生長富厚悉泯矜驕董理社穀賓興出入坦白爲邑人士所欽崇子三廷彥廷瀾廷俊偉名列成均迄今孫八曾孫十亦均頭角崢嶸其鍾祥尙有未艾云

以上蔡果訪

釁

善良

茂才胡邦彥長子佐臣次子佐清後先遊庠彥平日持躬忠厚處世和平乾隆十年春值六旬大壽知縣蔣潤教諭吳臣經製錦以祝並贈玉堦寶樹匾額

王汝霖字宗火甘竹山人國學生秉性公正好善樂施輸社穀修橋路造廟宇起涼亭種種善舉咸樂贊助梁縣正安甸匾曰一鄉儀表申縣正祜賜匾曰克襄義舉教諭陸壽民贈匾曰慨助修釁建築濠淤大橋年已八旬猶偕各緣首同往募集橋捐何縣正文唯賜匾曰耄老猶勤享壽八十有六

庠生吳一林字廷臣三都陳村人十九入泮丁父艱泣
修養募集社穀建造路亭舉凡地方公益罔不參為
清光緒四年縣主梁安甸九年縣主沈懋嘉後先贈
以克襄義舉及勤襄造士匾額
國學生姚遠字日初賦性孝友宅心慈良凡地方公益
無不樂予完成清光緒二十年時見鄉間多溺女惡
習倡設拯溺會於五滌下以拯溺女為名廣行勸導
鄉人重之終年七十有七
監生吳登國七都黃坑人賦性和平好施與樂善舉知
縣曹緣皋給以積厚流光匾額

陳錫祺字受祉號祜齋黄岡鄉人清光緒庚辰入邑庠待人寛和處事詳審里有爭辨者賴為排解俾免訟端人咸德之居恒教授生徒執業維勤式循古訓有亹亹不倦之致故其啟迪後進尤為足多至若善修講工書法猶其餘事

吳其中字履庸後田人太學生賦性孝友宅心仁慈事寡嫂撫孤姪毫無德色修路造橋施棺捨藥百般善舉類皆首先提倡子四長律聲丁酉拔貢禹聲先聲文聲俱入邑庠家孫步輿郡庠生迄今後嗣繁盛蜚聲學校洵為善良之報云

人物志 善良

善良

葉枝銘七都吾田頭村人清國學生年少失怙而待人接物即如成人性至孝居家奉母氏吴凡事均能曲意將順善體親心至對親族鄰里尤能濟人危困終年七十有二

周兆書七都吾田頭人（三都嵐後村）清國學生素行端方賦性敏慧其平日處鄉里間樂善好施尤嘖嘖為人所稱道惜享壽祇六十有一人咸惜之

周錦堂三都嵐後人為人端謹品性温和平日好行善事而對窮苦人貧人尤喜施與行之了無吝色人多賢之

善良

吳汝球　七都隆宮村人，清國學生。善岐黃術，凡有踵門求醫者，不計路之遠近、金之有無，輒應其請。為人診治，藥到病除，濟人甚衆。且對地方公益事，經理策畫，尤為熱心。

柳茂春　三都嵐後人，清庠生。為人賦性和平，居心忠厚。凡鄉鄰有事，咸能輒出為排解，以息爭端，人咸以長者稱之。享年五十有四，卒之日，聞者莫不惋惜。

周兆濂　三都嵐後村人，清例貢生。持躬廉潔，處衆和藹。清宣統時，厲行憲政，縣設地方自治研究所，以養成憲政人才。濂曾入所，九閱，以逢年等同班畢業，

善良

後辦理地方自治事，甚倚重之。

葉鳳林，吾田頭村人。清國學生。為人律己以嚴，待人以和，接物以誠。對地方公益上所應進行諸事，無不熱誠贊助，俾底於成。享年六十有二。

葉鶴林，吾田頭村人。清國學生。持躬儉約，生平秉性多能忠厚待人，處理地方事，勤勉相將，不辭勞瘁，兼善醫術，活人甚衆，人尤德之。

葉鳴林，吾田頭村人。清國學生。平日居鄉，自奉甚儉，於衆惟和，而待人接物不驕不吝，尤為難能。地方人士莫不重其為人。

閱　閱

何汝舟稟生品行端方正歷任張地私立初小校長及南七都張地人
區自治會議長清光緒甲午年知縣何文燿贈以忠
厚可風並奉省憲獎給孝廉方正匾額終年七十
姚鶴號日傳三都五滌下人賦性忠厚教諭陸壽民贈
以忠厚傳家匾額終年七十有五

人物志　善良

吳汝棫字作人增廣生大濟人秉性正直輕財重義對於地方慈善公益事業多能贊助以底於成如施捨八都林蘭監觀音堂茶祖二十把及捨二都蘭溪橋觀音堂茶祖六把爲燒水烹茶之資以濟行人之渴並倡捐書院以惠學子佐修文廟以重孔道經理社倉以備荒歉至各善舉靡不賴此斯不過舉其犖犖大者所以邑侯梁安甸贈以克襄義舉沈懋嘉贈以勸學貽謀何文燿贈以一鄉善士湯贊清贈以善行可嘉等匾額以表其居有清末葉停止科舉唯恐兒童失學即出集款墊資倡設村中小學以爲貧寒子

弟讀書之所尤為人所難子五長懋欽增廣生四應行邑庠生次三季俱善承父志孫以良浙江省立第十一初級中學畢業壽八十有三猶耳聰目明無疾而逝人咸以為積善之報云

王汝德字宗思廿竹山人國學生生平孝親睦鄰人言無間因艱子息凡造寺宇修橋路等善舉無不踴躍樂輸年近五旬迄為得子壽至七十有三復又見孫此真所謂為善之報譚縣主嘉玉贈以孝友家風匾用誌善之意云

劉豢龍字啟暎合湖人邑廪生民國初年曾任本區小

學校校長又本區自治會議員民國六年江知事錫其公兄弟以樂善不倦額民國十三年劉知事與以膠庠著譽匾額

國學生吳則茂三都祖龍村人秉性忠厚民國八年江知事贈以熱心公益匾額

胡明廉蘇湖塘人賦性淳厚凡有善舉無不贊助如砌路造橋等事尤樂捐輸民國八年捐助同善堂知事江宗濂旌曰樂善好施子應鍨任本村保衛團團總凡事見義勇為亦有父風

胡應武蘇湖塘人清國學生平日持身律己品行端方

人物志　善良

善良

李一清改入耆舊
至見耆志耆行
頁

而且賦性慈祥樂於爲善如建祠修橋築路等事靡不躬爲倡捐以底於成民國八年同善堂募款慰武尤能解囊慨助贊襄美舉知事江宗濂獎以樂善好施匾額顏其居堂

李一清又都隆中宮人儒學鄒贈以望重鄉評匾額

范鳳藻南陽人邑庠生幼即穎異游庠後居鄉教授遊其門者如坐春風如沐化雨里人有鼠牙雀角之爭黽力排解必使毋訟而後已協理永安橋董一東至公無論識不識人咸佩服之

范文藻南陽人太學生忠厚待人村中水尾建造保安

橋與昭時和東共濟正公無私人皆善之

范繼熊字尚朋二都南陽人清增生好學不倦祗緣牽於家政不暇進取然地方公益多資助焉没日人咸惜之

周正枝二都久住人治家節儉義務慷慨勸助善舉量力輸捐遇親戚朋友有故必力為排解費工費本總不吝惜必使雙方和好如初而後已卒年六十又歲隣里聞耗往往淚墜

庠生姚含清字呈祥三都五滌下村人年十八遊庠親年老性純孝乃棄舉子業而習岐黄活人無算鄉里

重之終年八十有六目見四代同堂人咸以為善良之報云

以上新采訪

隱逸

管幼安浮海入遼，陳希夷高卧華山，皆遯世無悶者也。慶邑隱逸無多，見前志僅載一人，今搜遺編又得二人，以彼塵視軒冕，銖視金玉，無愧古人。終南之識，北山之嘲，吾知免矣。

宋

眞山民不傳名字，亦不知何許人也。但自呼山民，僦居慶之松源鄉。或云名桂芳，宋末進士。李生喬嘆以爲不愧乃祖文忠西山，以是知其姓眞矣。痛值亂亡，深自湮沒，世無得 [illegible] 好題詠，因流傳人間

然皆採幽賞勝。冰崖曰湖酬應語張伯子謂宋末一陶元亮非過論也

元

姚燊字君衛號雲樵竹溪人幼敏睿長通經術詞賦尚書陳塏器之妻以女恩授永嘉簿不就賓興於京會賈專擅率太學生闕極論不報遂退歸鄉里元史宣慰來慶元請見說以仁則得眾勿放火縱兵從之眾賴以安史奏授慶元簿慨然曰本為桑梓出願博官乎辭不受歸訂諸子作論孟旨詮筆及范翰林奉旨訪求賢士燊為舉首以母老力辭續有薦者俱不起

閱對

扁所居曰心易尤精地理稱之者曰爵祿不能縻貧賤不戚有雲外樵歌若干卷藏於家及卒臨江傅汝礪挽之以詩曰處士樵歌達空山草木春田生晚傳易陶令早辭官白日閑琪樹青天見玉棺看君真不死文采映芝蘭其風概可想見也後徙居龍泉

明

葉瑗字仲美少穎悟博綜經史年十三郎黌聲邑年逾弁預籲正統辛酉試棘闈以制額限遂棄舉子業日與其徒談道遨遊山水築室薰山下琴書自樂不談世事年七十以壽終著有[illegible]山吟五卷

人物志、隱逸

以上舊志

僑寓

某山某水某邱某壑羈人旅客來自外籍而家焉者所在多有憑弔古今惟視其人之可傳而傳之非是則無傳矣

唐

吳禕文簡先生肅之孫由明經登進士任都巡遷大中大夫昭宗天祐元年甲子由温洲瑞安縣庫村徙居龍泉縣松源鄉上倉見山水明秀遂家焉是爲慶元吳氏肇基始祖迄今子孫鵲起科第蟬聯爲他族冠

新采訪

閱對

僑寓

某山某水某邱某壑羈人旅客來自外籍而家焉者所在多有憑弔古今惟視其人之可傳而傳之非是則無傳矣

宋

王伋字肇卿一字孔彰原汴人其祖訥因議王朴金雞歷有差眾排之貶居江西贛州伋用鄉舉不第遂精管輅地理之學棄家浪遊見松源山水秀麗遂家焉祥符四年塟母舅劉氏於薰山下記曰魏溪坑口望薰岡黃蛇捕鼠是眞龍七寸安正穴四柱擎天

人物志 僑寓

將相峯若問子孫官職人人貫串巳亥產英雄大觀元
年劉知新狀元及第乃其驗也假爲人卜兆獲福者
甚多故人以地仙稱之卒後門人葉叔亮傳其所著
心經篇問答語録范公純仁跋之曰先生通濟（經）博物
無媿古人異乎太史公所謂陰陽之家者矣

明

周顥字仲昭山西澤州高平人永樂十八年由太學授
慶元縣丞歷九載清勤慈惠卒於官父老感泣曰
願爲百世父母遂瘞於竹溪之源其子公榮因家焉
阮廷貴四川永州人正統間由太學授慶元縣丞歷任

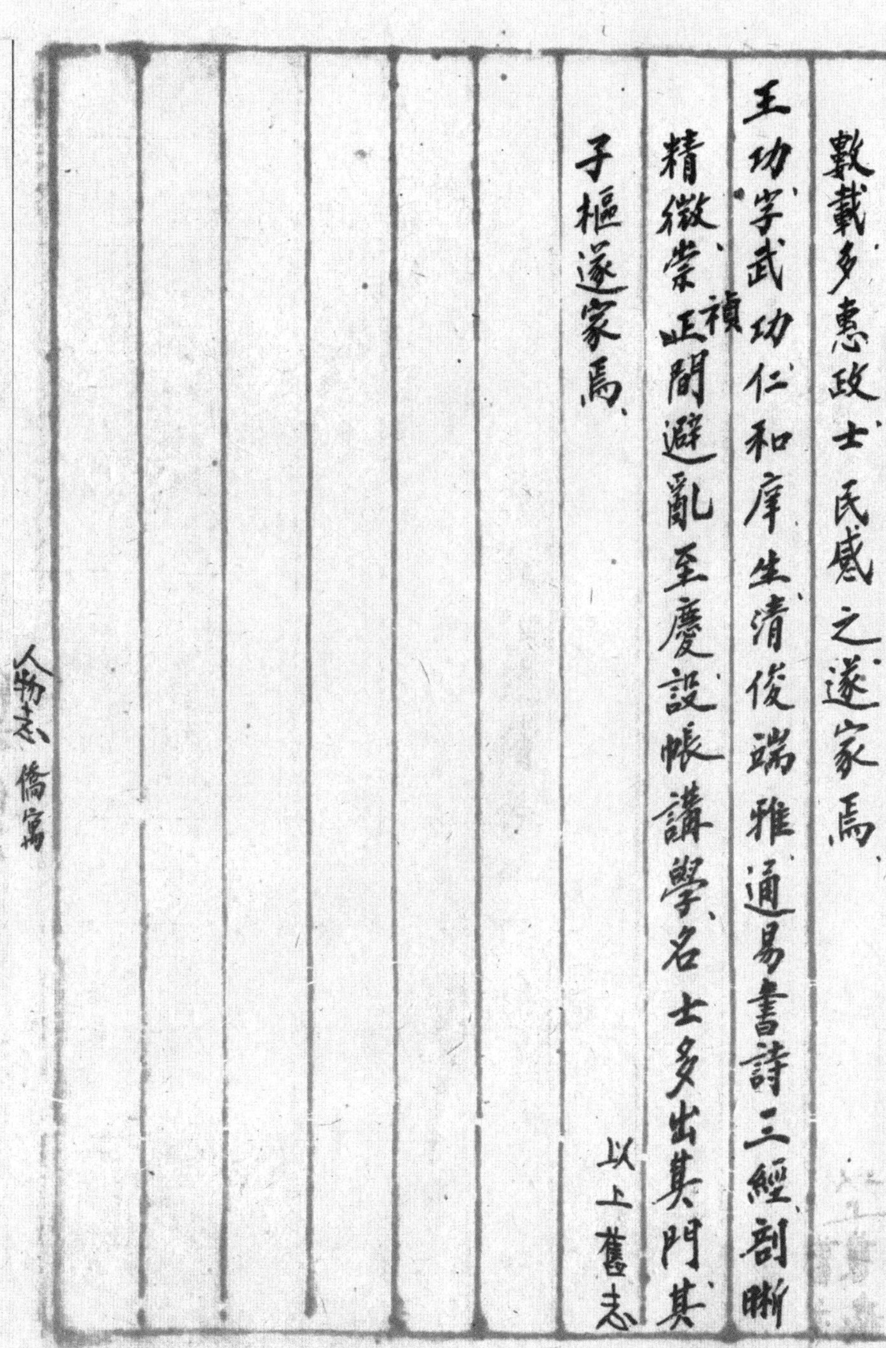

數載多惠政士民感之遂家焉

王功字武功仁和庠生清俊端雅通易書詩三經剖晰精微崇禎間避亂至慶設帳講學名士多出其門其子樞遂家焉

以上舊志

以上舊志

垂

閱卷

方技

藝乎和矣一技成名皆足千古邑中方技亦自有人若概以小道棄之則周禮考工可以廢矣

宋

嚴道者王伋門人得伋秘授精於地理他日嘗為人點穴拔竹插地比伋至扶土數寸正插銅錢眼中蓋伋預埋以試之也術亦神矣

清

陳丹公洋里人少業儒後習醫凡生死壽夭一切經脈言無不驗有一產婦將分娩而氣絕公診之曰尚可

生也。命取黄土一塊，攤床上，用銅盤盛水，置山耳邊，細篾敲盤，不數刻而生。人問其故，公曰：此婦下焦熱甚，兒不敢下，直上心頭，抱母肝肺，是以氣絕。吾用黄土以清以清其火，復以金水應之，心清魂定，兒下而母生矣。康熙五十六年，邑宰王闓泰以翰林左遷，頗知醫道，誤自下藥，病轉劇，召公切脈。公曰：無能為也。母夫人聞知，脫簪珥以求治。公卻之曰：病無生理，何用此為。夫人曰：然則如何。公曰：尚有七日，可速料理諸務。王闓之嘆曰：真是良醫也。如期果終。所著有傷寒辯論等書，惜未刊行。

葉失名竹溪人傭隙而善談五行有一士人叩之曰家有孕婦弄璋耶弄瓦耶答曰也弄璋也弄瓦士人不解其故後孿生一男一女

吴之球上管人惠來知縣曾希黯之孫也七歲能書揮毫落紙雲烟飛動至今如龍來鳳二橋匾額徐夫人廟聯對皆球手筆時稱為字神童惜壽不永

姚祖讓琶麐生後田人耿介自持多積書以自娛其字法得顏之筋而隸草尤為精妙一時學者宗之

以上舊志

方技

增生何鍾豪品行端方年二十入泮二十二補增後棄舉子業精岐黄術活人無算福建政和知縣胡一經李偉堂顧曹節送次傳諭嘉獎以昭激勸

范夢龍二都南陽人民國初年縣議會議員且精於醫學診症發藥屢著效果

吳向東象水人本邑工匠悉資外籍如石工則寧德木工則江西已成習慣向東木工也以本地所需借材他省不惟不便亦我工界之恥也爰專心致志審世而勢雖奇技淫巧不敢與西人爭長而製器利用精

人物志　方技

欽雅觀頗受社會歡迎縣令江宗濂贈以老手斲輪

爲本邑士界提倡

吳爲雯字望聖性敏捷胸懷瀟灑習堪輿明醫術踵其

門者均不索謝饒戲舉止一無計苛閭里德之壽近

八旬而終

以上新采訪

人物志下
列女一
卷拾壹

慶元縣志卷之十一

人物志下 列女壹

劉向列女傳清風亮節所取固多其間如曹昭蔡琰之倫以才學聞向亦備載於傳舊志閨操標題專尚志節今名列女正范氏所謂才行尤高秀不必專在一操也慶邑數百年間韶年失志皓首完貞與夫慷慨投繯從容絶粒臨難捐軀者所在多有即以壽稱如凌氏以賢著如吴氏亦曾登錄况現在女子教育與男子並重其才其學安見今不逮古哉故仿子政意名列女

元

鮑氏葉德善妻至正間善以仗義勳授處州千户殁於官時氏年十九無子誓不再嫁勤紡績以養舅姑始終無懈家雖苦節愈堅至洪武三十年邑耆老姚仲安詣闕上其事下有司覈實以聞奉詔旌表

明

邱氏吴慶妻年十八夫亡哀慟欲絶數日不進粒舅姑諭以遺孕為重乃强而起有豪勢聞其色謀娶之邱斷髮自誓豪計寢由是獨卧一樓不履閾外

敬事舅姑無怠志年八十終嘉靖二十年縣令陳澤上其事奉詔旌表

葉氏國學生吳化妻性沉默好讀書尤喜評隲列女每至節義處輒三復年不置年十五適吳越五載夫得羸疾氏躬親湯藥旦暮祈天願以身代夫病革囑曰吾死任汝擇適毋自苦氏泣曰是何言哉設不幸當以死殉及夫故哀慟躃踊絕食七日嘔血而殞時年二十縣令以其事聞奉詔旌表

吳氏姚信妻年十九夫亡無子家貧甚氏勤女工以自給終身無二志卒年九十九歲清咸豐元年旌

余氏葉治妻年十九夫亡遺孕數月氏堅志守節雖饘粥不給數十年如一日焉卒年六十五歲清咸豐元年旌

吳氏姚輕賢妻年二十夫故茹荼飲冰苦貧自守卒年九十歲清咸豐元年旌

李氏吳頊妻年二十三寡氏柏舟自誓撫諸孤辟纑佐讀有和丸畫荻之風戊子水災一隅漂沒獨其夫柩無恙人以為節孝所感長子世銓次世勳仕廉州通判有賢聲清咸豐元年旌

吳氏葉舜妻夫故守節皓首完貞萬曆二十八年庚

子邑令李賀以霜節扁之

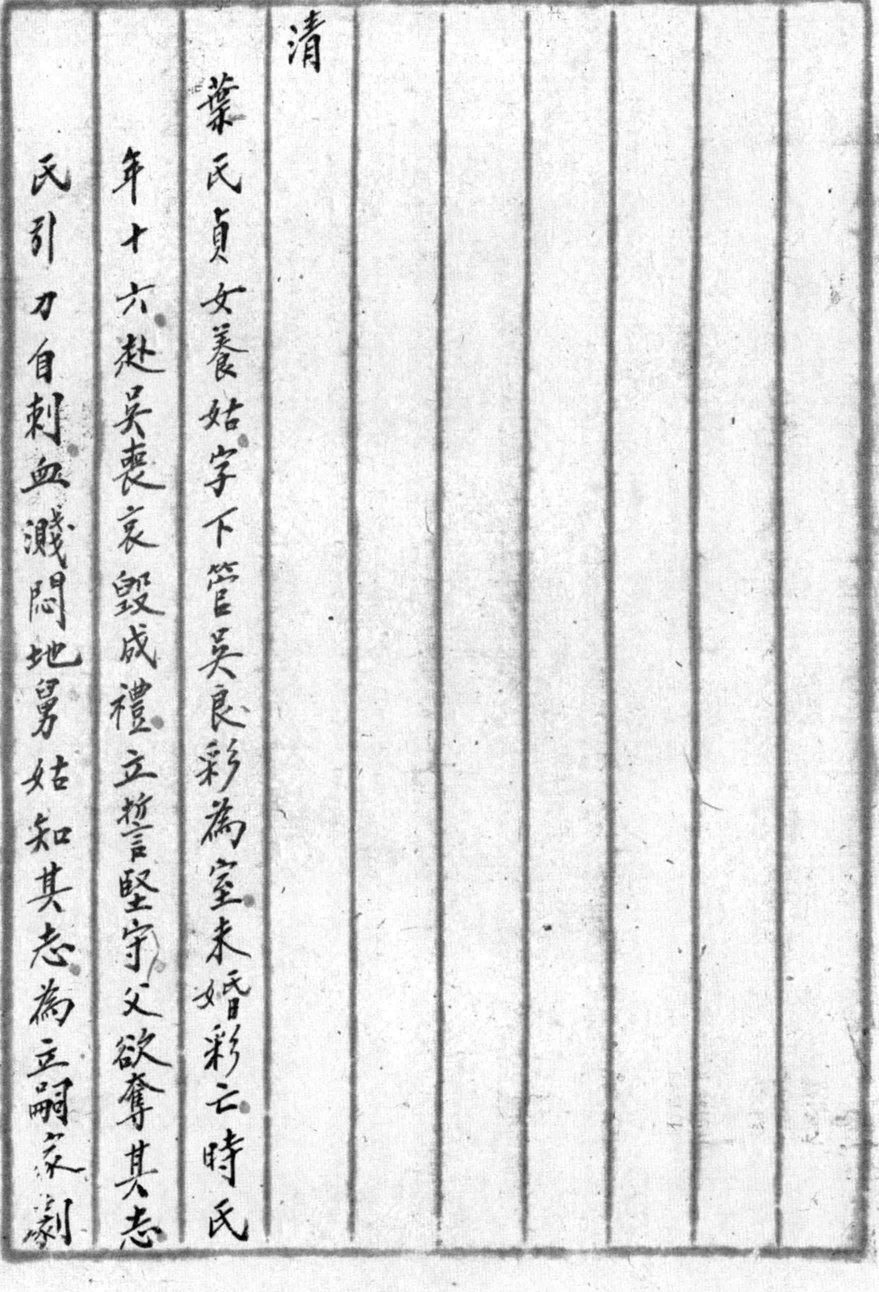

闕

清

葉氏貞女養姑字下管吳良彩爲室未婚彩亡時氏年十六赴吳喪哀毀成禮立誓堅守父欲奪其志氏引刀自刺血濺閾地舅姑知其志爲立嗣家劇

氏勤紡織以佐甘旨年七十餘步不出閨宗黨欽
禮之一日謂諸孫曰昔良人死吾非獨生設當時
以死從死誰則以生撫生吾故以心許死者以身
撫生者六十餘年辛苦備嘗若輩俱幸成立今而
後可見良人於地下矣言訖整衣端坐而逝遠近
聞者皆賫酒奠之御史楊甸瑛題其門曰貞心壽
世詳見流香傳並處州知府周茂源有傳見藝文

周氏王明學妻年二十夫故子之泰尚在襁褓氏撫
養成立娶李氏年十七泰又亡姑媳同賦柏舟艱
辛備歷康熙四十二年溫處道佟給以松柏雙清

吴氏列後 閱

曾氏提前 閱

匾額並請旌

吴氏貞女淑姫延平都司吴陳仁之女也字生員葉英良爲妻未婚英亡氏時年十九赴葉喪毀容截髮以死誓撫姪承祧守節數十年而歿雍正八年旌

曾氏生員吴焜妻夫亡氏年二十五飲冰茹蘗矢志靡他守節數十年以壽終雍正七年旌

周氏生員吴公望妻名鸞姑年十七歸吴合巹之夕夫忽中惡亡氏誓不再適姑知其意堅告之曰爾姒有娠倘得男即以嗣爾夫既而果產男翅氏撫

如已出推家貧甚氏勤紡織以佐讀超亦遊庠娶
媳季氏甫生子而超又亡姑媳復同心撫孫守節
六十二年雍正八年具題奉旨建坊旌表知縣徐義麟有
傳見藝文
吴氏李大孫妻年二十四夫亡守節有被以穢言者
憤而自盡知縣王恒以其事聞得旌表
葉氏吴茂旋妻年二十九夫亡矢節有夫黨逼之嫁
不從捐軀明志知縣王恒上其事得旌表
楊氏周宗壽妻乾隆六年夫亡氏年二十二撫孤守
節有孟母風後其子廩生漣以母事實呈得旌表

氏卒年九十二歲

李氏增生姚芝妻夫亡氏年二十二遺孤承恩甫週歲氏事姑撫子苦節益堅卒年四十餘歲道光六年旌知縣黄煥有傳見藝文

練氏吳匡經妻年二十六夫亡遺腹生子王典氏兢兢自守撫孤成立孝事祖姑及姑侍奉無缺卒年八十餘歲道光十年旌

范氏瞿智豪妻夫亡氏年二十四家故貧紡績度日守節四十餘年以壽終道光九年旌

姚氏庠生吳匡校妻年二十二夫故守節子珠年甫

三齡撫訓成立邑令譚給以訓宗孟母額並詳請

旌表其孫元亦入庠

蔡氏田沃妻年二十七夫故撫孤守節嘉琪嘉錦同

入邑庠邑令黄焕旌以賢同孟母額長媳嘉琪妻

吴氏年二十四寡吴亦勵志自守孝事灕姑始終

無間后其長孫元亦蜚聲黌序儒學池以植節嗣

徽額褒之並詳請旌表

以下咸豐元年彙册請旌並建總坊

楊吴氏德芳妻夫亡氏年二十四家貧事姑至孝姑

病篤告天請代割股療之邑令旌其門曰節孝可

人物志　列女

闕 闕 闕

風後以壽終

吳氏葉廷章妻夫亡氏年二十撫姪為嗣俾之成立孀居六十餘年足不履閾卒年八十八歲

葉氏吳廷馨妻年二十一夫故矢節孝事祖姑時山賊竊發祖姑令氏避氏泣曰八十老祖姑在堂豈有孫媳遠去之理乎第吳氏一塊肉不可陷於不測將幼子寄外祖家賊至氏被執見其色欲犯之氏嚼血噴賊賊怒劈其顱罵不絕口遂被害知縣鄭國位旌其門曰節烈

吳氏生員周貞一妻康熙十三年甲寅耿藩逆陷城氏

命子三錫從吳陳仁起義兵死之氏泣曰兒死於難吾不死必辱遂自縊賊至氏二目怒張賊懼而退及賊殲闔邑呈詳學道給匾旌獎

周氏夏松生妻年十九夫故守節事姑撫幼慈孝克全卒年六十一歲

謝氏黌生眞金和妻年二十八夫故守節卒年七十八歲知縣李東繡以貞潔映玉匾之

眞氏吳伯達妻年二十二夫故守節卒年八十八子（縣令李容之以節孝維風表之）丹桂娶李氏年二十五丹故守節卒年七十八歲縣令鄒儒以歲寒冰霜旌之

吳氏生員季學濂妻年四十四夫故撫姪守節共八十事

翁姑卒年六十九歲

周氏庠生姚文彩妻年二十一夫故守節督學王以貞由

天授表之卒年八十五歲

俞氏葉維城妻年二十八夫故守節以壽終

蔡氏姚玉琯繼室年十七夫故守節以壽終督學以寶

以老潔冰壺匾之

姚氏吳懷璞妻年二十夫故守節撫遺腹子成立年

七十三卒

季氏吳元善妻年二十五夫故家貧甚氏含辛茹苦

課子成名鄉黨奉爲母範知縣莫景瑞書畫荻可風額表其門卒年八十知縣譚正坤爲之作傳見藝文

葉氏庠生張繼文妻年二十八夫亡氏事姑撫子孝慈兼至性樂善嘉慶八年獨建八都赤坑水尾橋並修喜鵲隘嶺路知府修給以苦節傳芳匾額終年七十九歲子秀挺廩貢生

吳氏增生姚濂妻年二十九夫亡遺孤樹萱甫週歲氏撫訓兼至後爲諸生邑令鳴山給以風同佩範匾額卒年七十六

闕 闕 闕

葉氏朱煌妻年二十八夫亡守節孝姑訓子其孫廷楷廷鈞俱入庠邑令樂韶以節孝旌表之卒年七十三

姚氏吴松蔭妻年二十九夫故子坦然尚幼氏以養以教後爲名諸生其孫用光用中亦相繼入庠知縣黄贈以義訓成立匾額卒年七十有五傳見藝文

姚氏庠生周漢潮妻年二十六生子半月夫故堅守苦節撫孤成立卒年七十一歲

季氏吴公典妻年二十三夫故守節子桂發甫成立娶余氏發又亡姑媳同心完志姑年七十七卒媳

年五十六卒

吴氏季育文妻年二十五夫故守節卒年七十有五

周氏余天有妻年二十六夫故守節終年六十有九

夏氏吴如榮妻年二十四夫故撫遺孤甫成立娶媳子又亡氏復撫孤孫苦節終身卒年六十有七

周氏朱積善妻年十九夫故守節孝事舅姑撫育幼子卒年五十有九

王氏吴統林妻年二十九生子四月夫故守節撫孤卒年五十九

周氏王燮藩妻年二十五夫故苦志守節撫子成立

辛年四十八

潘氏吳土生妻年二十八夫故堅持清操撫育二子守節辛年五十七

項氏庠生姚嶽繼室年二十六夫亡守節撫元配子樹型如己出俾成立入太學後其長孫敘次簡俱入庠氏年八十餘命子型倡修龍山門路邑令黃煥書節備賢慈額旌其門

吳氏姚樹寶妻年二十六而寡姑久病日侍湯藥不倦子修甫婚與媳相繼亡氏撫養幼孫苦節益堅年八十五終教諭沈孑以冰心鶴髮匾額

李氏吳儒才妻年二十二夫亡無子守節繼姪為嗣

後以壽終

吴氏姚巨官妻年三十夫故守節以壽終

王氏姚樹玉妻年二十七而寡撫孤宜清成立娶媳

吴氏年二十九子又亡孫幼矢志不移姑媳同心

完節以壽終

吴氏張繼斌妻年二十九[六]夫故守節邑令吴綸彰以

巾幗完人表之

葉氏庠生吴鼎祿妻年二十九夫故守節撫育子幼

後以壽終

范氏葉士忠妻年二十九夫故守節卒年六十有六

張氏周芳厚[厚]妻年二十九夫亡守志旌年六十六歲

吴氏庠生姚之鰲妻年二十七寡舉姪爲嗣守節至數十年而卒

范氏葉士萃妻年二十六夫故舉姪爲嗣以節終

吴氏庠生眞上錦妻年二十夫故守節隣人不戒於火逼及氏室遂熄人以爲苦節之報年六十餘終

吴氏庠生周有光妻年廿五夫故守節卒年七十八

李氏王達文妻年二十九夫亡矢節卒年八十六歲

吴氏王盛官妻年二十八夫故矢志卒年八十一歲

葉氏廩生季煥秦妻年二十七夫故生一子名毓麟氏矢志守節撫子成立卒年五十一歲

吴氏庠生姚緒繼室年二十二夫故氏未育撫元配子文璣如己出課讀遊庠慈嚴兼盡孝事九旬祖翁至終不懈卒年四十七歲儒學洪范以巾幗完人扁其門卒年四十七歲（卒年四十六）

胡氏張啟字妻年二十六夫故守節旌年五十六歲

張氏吴進超妻年二十一夫故守節卒年七十三歲

吴氏姚乾孫妻年十九夫故守節卒年六十有五

吴氏庠生季端人妻年二十七夫故守節雖數十年如一日焉

張氏吴虞愷妻年二十八夫故守節撫姪美修爲嗣

後列膠庠當道以貞心天賦額表之旌年五十歲

周氏吴以成妻年三十夫故守節卒年七十有四

吴氏季玉夏妻年二十七夫故無子家故貧氏茹荼

飲泣皓首完貞鄉里憫之旌年五十二歲

吴氏季躋堂妻年二十六夫故守節卒年六十八子

宜壽增生

季氏增生吴元觀妻無育勸夫納妾陳氏生二子夫亡

季年二十八陳年二十苦節同操撫孤成立儒學

許以陶孟遺風匾表之後目見五代

胡氏朱文贊妻年二十九夫故矢節子學澄甫四齡

義方是訓後爲名諸生邑令鄒以風同畫荻表之

吴氏廩生鮑晁妻無育勸夫納妾吴氏生二子而夫

亡吴年二十八妾年二十四同心苦守事姑以孝

撫二子日啟日起成立俱入庠邑令鄒以畫荻遺

徽鄧以雙節並輝之額

黄氏吴紫豐妻年二十六夫故子凌雲僅週歲氏矢

志撫孤毋兼父訓其子成立遊庠

陳氏監生楊鰲妻年二十一夫亡矢節撫子成立長

樹朝貢生次樹望庠生

吴氏楊珍商妻年二十四夫故守節訓子入庠督學

人物志　列女

王旌其門曰畫荻清風

季氏吴新楠妻年二十四夫故孝事翁姑教育二子煦健俱入庠終年七十有三邑令鄧旌其門

吴氏練紹周妻夫故守節矢志不貳儕族賢之

謝氏附監生何玉瑞妻年二十八夫亡矢志守貞義方是訓子顯有聲庠序氏年六十一卒

湯氏何其植妻年二十三夫歿守志不移以壽終

吴氏庠生季謨妻年二十八夫故守節撫孤成立儒學贈以有此君操匾額

吴氏葉士型妻年二十四寡撫孤守節以壽終

吴氏周吉元妻年二十四夫亡矢志勵冰操者數十年
葉氏吴家麟妻年二十夫故守節以令名終
練氏吴斐焕妻年二十四夫故矢志以苦節終
胡氏吴起枝妻年二十七夫故守節撫子成立身列成均郡守吴贈以節操冰霜卒年七十有二
鄭氏庠生吴尚志妻年二十九夫故守節卒年六十有三
胡氏吴大焕妻年二十三夫故守節卒年九十有八
子士烈妻葉氏年二十四烈又亡仝姑完節卒年

七十有六
管氏吴正諳妻年二十八夫故矢節以壽終
胡氏葉明照妻年二十四夫故堅守以苦節終
胡氏吴盛權妻年二十九夫故守節以壽終
吴氏胡兆然妻年二十六夫故守節以壽終
吴氏葉光烈妻年二十八夫故守節以壽終
胡氏吴正金妻年二十九夫故守節以壽終
陳氏胡學權妻年二十二夫故守節以壽終
吴氏葉應楚妻年二十八夫故守節撫子瑞齡成立
後以壽終

吴氏姚漢棠妻年二十三夫故守節撫育二子邑令

郭以矢志冰霜表之卒年六十歲

王氏吴華齡妻年二十一夫故子方週歲守節撫子

（旁注：孤雛　堅志　誓不再適）

成立卒年八十有三

（旁注：不履户外雖親族罕見其面）

李氏葉醖英妻年二十七歲夫故守節以壽終

黄氏胡庫玉妻時值疫厲盛行夫以疫亡闔家復染

病死氏煢煢孤守痛不欲生有村豪金桂者豔其

色謀强娶之氏閉門堅拒知不免遂自刃隣族寢

其事不報後金桂以他案遣戍山東

周氏練學高妻性賢淑夫故食貧自守訓子成立入

邑庠教諭林以風堪追陶扁表之

吳氏庠生姚瀛妻于歸後未育勸夫納妾楊氏又無育再納吳氏夫故氏善處二女氏同心守志性樂善獨修舉溪巍壽嶺百有餘丈繼姪達應爲嗣俾入國學隣族賢之氏卒年八十六歲

吳氏國學生姚園妻性賢淑尤知大體事舅姑以孝聞相夫子贊成諸善舉夫未久病日奉湯藥衣不解帶者累月年三十夫亡遺二子文塏文蔚撫訓成立塏官分水訓導蔚列成均孫樂亦游庠邑令鳳贈以賢同孟母額儒學范洪額以婉美陶歐卒年六

十三歲有贊見藝文

季氏姚青妻年二十六夫亡矢志撫孤文登節儉自持凡隣里有貧乏者悉周恤之苦守十年足不踰閾邑令鳳書賢孝淑儀匾褒之清儒學范洪額以淑善傳揚卒年三十六歲教諭洪禹鈞有傳見藝文

吳氏庠生余鎬妻年二十八夫亡無子撫姪承祧壽七十三終守節四十餘年

吳氏姚隆先妻年二十一夫故守節卒年六十有五

吳氏庠生葉汝植妻年二十七夫故守節學院王給以松貞石介匾額後以壽終

吴氏增生余濱妻性淑慎夫有瘵疾籲天請代及歿子銑甫三歲撫訓成立事姑以孝聞學使以清操潔守獎之清嘉慶二年丁巳教諭章觀嶽申其事於學使給以清操潔守匾額六年辛酉教諭吴溶額以凌霜勁操並繪松石圖贈之其贊語云瑶臺降芬丹邱擬迹誕發蘭儀林間風格賢哉貞母淑慎何摘淵令冲華乃宣壼則比婺瞻星破鏡用惜操潔冰霜粹然瑩白勗子成名獲經指畫旌節花榮光昭史册實邦之媛可風巾幗何以方之而繪松石

吴氏余讓妻年二十一適讓六載夫亡子甫週家貧甚泣告翁姑曰婦命不辰夫亡子幼但分釜甑餘粒使得守志撫孤死可見良人於地下矣尋翁姑卒矢節彌堅乾隆五十二丁未姪塏白諸學院朱給以堅冰遂志額子坦國學生

范氏吴王鐘妻年二十三夫故守節終年八十有一鐘弟王鎮妻周氏年二十四夫故守節終年七十有三一門雙節白首完貞道光二年其孫增生家駒白諸學院杜給以雙節堪旌額

張氏庠生吴誠中妻年二十四夫故守節冰霜自勵

終年八十有五日見曾元節壽並稱

吴氏周元吉妻年二十八夫故守節邑令薛喬昌以淑善傳揚奬之後以壽終

吴氏增生葉喬彬妻年二十八夫故子幼紡績度日堅貞苦守訓子蓄遊庠邑令袁以冰霜旌之後壽終

姚氏葉喬楷妻二年十六夫故守節邑令李以勁節可嘉旌之後以壽終

吴氏葉上球妻年二十四夫亡撫子守節卒年六十有六

姚氏吴德洪妻年二十三夫故守節卒年六十有三

吳氏庠生姚河妻年二十六夫亡子輝祖週歲氏矢志堅守訓子成立卒年五十有六

吳氏余權妻年十九夫故守節撫孤成立卒年六十有五

姚氏增生范連林妻年二十九夫故守節卒年五十有一

葉氏姚國璠妻年二十七夫故守節撫孤子廷藻入國學廷龍入庠卒年四十五歲

季氏職員姚廷芬妻年三十夫故守節旌年七十二歲

吳氏余高增妻年二十七夫故守節孝事姑嫜鄉里

推賢旌年七十三歲教諭沈給以賢孝淑貞額
吴氏庠生姚廷芳妻年三十夫故堅貞自矢訓子成
立旌年六十有七
葉氏儒童余思魁妻年十九夫故無子越數載翁姑相
繼亡氏柏舟自誓有夫弟二倶幼撫之成立以續
夫嗣閭里賢之後以壽終教諭沈旌以令德淑儀
吴氏監生姚廷萱妻年二十九夫故矢志撫子成立
卒年三十有九
毛氏庠生姚廷蘭妻未育勸夫納側室吴氏夫亡時
毛年二十一吴年十八吴遺腹生子孔懃二氏撫

訓成立同心守節以壽終教諭沈旌其門曰冰節

雙冰清

吳氏姚秉衡妻年二十四夫故守節旌年五十

柳氏周長壽妻年二十七夫故守節立嗣承祧卒年

五十九歲

陳氏周長海妻年二十二夫故守節撫子永福俾入國

學多行善舉教諭沈以守貞廸善額其門

吳氏葉春郁妻夫故守節巡道王崇銘贈以冰霜節

操匾額

葉氏麇生周禎妻夫故守節教諭胡玠額以冰霜矢

節

余氏周瑞元妻夫故守節訓子成立教諭胡玠贈以
共操孟訓額
吴氏姚華岳妻年二十六夫故守節訓子讀書入庠邑
令鄗以美媲和丸額表之卒年七十有一
吴氏姚世鐸妻年二十三夫亡子煒甫三歲家故貧
氏柏舟自誓事姑訓子各盡其義善子遊庠學憲賓
給以孟母遺芳匾額
姚氏生員吴端愷妻年二十九夫故矢志撫孫成立
卒年七十有六

王氏吴運璜妻年三十夫故守節旌年五十有五
王氏吴翁秀妻年二十二夫故守節旌年五十有四
藍氏雷蘭熹妻年二十八夫故守節卒年六十有六
姚氏吴積穀妻年二十一夫故守節撫子成立卒年
七十有五
陳氏周維楷妻年二十三夫故守節旌年五十三歲
吴氏周增修妻年二十八夫故守節卒年六十七子
肇渭諸生
吴氏監生周遇煥妻年二十六夫故守節卒年五十
七

余氏吴登青妻年二十五夫故守節旌年五十有一
欽表凌霜映雪額享壽七十有四
吴氏葉上清妻年二十八夫故矢志卒年七十有五
張氏余蔭選妻年二十九夫故守節旌年五十有八
吴氏葉聯清妻年二十五夫故矢志撫遺腹子成立
卒年五十有九
吴氏周維高妻年三十夫故守節卒年六十有五
葉氏吴象隨妻年二十夫故守節事姑訓子孝慈兼
盡子先飛孫瑩用昭皆入庠邑令關給以松貞石
介額
周氏吴際昌妻年二十七夫故守節以壽終

楊氏吳德財妻年二十四夫故守節年七十有一邑

令黄以善節可風表其門

虞氏吳際豐妻年二十五夫故守節以壽終

楊氏吳希參妻年二十七夫故守節卒年七十有八

劉氏吳佐聚妻年二十三夫故守節以壽終

范氏吳進敍妻年二十夫故守節以壽終

何氏庠生吳雲妻年二十三夫故守節終年五十有

二院憲以婉美陶歐旌之

毛氏吳希回妻年二十七夫故守節卒年七十有二

毛氏庠生吳匡勷妻年二十九夫故志誓柏舟撫子

人物志　列女

成立以壽終

周氏庠生吳匡選妻年二十八夫亡撫子守志卒年五十有七

陳氏吳元璧妻年二十九夫故矢志以節終

陳氏儒童吳先書妻年二十七夫故守節邑令闕以柏舟媲美表之卒年八十有一

胡氏吳九江妻年二十四夫故守節金石不渝卒年七十有八

劉氏儒童吳順蘭妻年二十九夫故守節撫遺腹子惠深成立以壽終

胡氏吴積興妻年二十六夫故守節以壽終
葉氏吴盛釗妻年二十七夫故守節撫子成立修溁
頭路嶺一百餘丈行人賢之
陳氏庠生吴光妻年二十九夫故矢志卒年五十二
李氏吴玉璜妻年二十九夫故矢志以壽終
吴氏楊子琯妻年二十四夫故守節以壽終
練氏吴以錦妻年二十五夫故守節卒年五十八歲
胡氏吴隆森妻年二十九夫故矢志撫孤成立知府
恒額以節孝流芳儒學洪爲之贊曰堅惟賢母堅
貞守節撫育四孤日勤紡績年至六旬足不踰閾

義方足訓兢兢戒謹子亦能賢家聲丕振閭里共
稱芳徽孰並卒年六十
毛氏吴居康妻年二十七夫故守節旌年五十
周氏吴敏達妻年二十九夫故矢節卒年七十有三
姚氏吴敏儒妻年二十七夫故哭喪明撫遺孤守苦
節卒年七十有六
夏氏吴鏡妻年二十四夫故守節卒年六十有三
葉氏吴益選妻年二十二夫故守節卒年六十有八
楊氏吴益藏妻年二十九夫故守節堅同金石卒年
六十有六

余氏吴芺妻年二十六而寡無子誓以守翁柟官孝豐教諭卒於任氏變産偕夫弟扶柩歸塟族里稱其孝後繼姪爲嗣撫訓成立知縣鄒給以閫儀堪美額壽至九十終

范氏吴秉樂妻年二十九夫故守節卒年七十二歲

黄氏吴居經妻年二十八夫亡子甫二歲矢志守貞以苦節終

何氏監生吴德麟妻年二十七夫故守節卒年八十有五

張氏吴居星妻年二十四夫故撫遺子恒章成立娶

媳姚氏年二十九章亡姑媳相依同心堅守姑年
六十六卒媳亦以壽終知縣黄旌其門曰雙節流
芳
胡氏吴開良妻秉性貞淑年十七夫故誓以身殉痛
哭氣絶而亡里族稱其節烈
張氏吴檞妻年二十夫故守志撫子成立年七十終
葉氏吴炳紋妻年二十九夫故家貧苦守撫育三子
成立次子鯤入郡庠有聲邑令黄贈額以獎教有
風終年七十有一
田氏吴思昌妻年二十七夫故守節以壽終

藍氏吳通增妻年二十八夫故守節卒年七十八

吳氏陳盛洲妻年二十九夫故矢志旌年五十五歲

姚氏葉永生妻年二十五夫故守節卒年四十四

周氏吳世芬妻年二十夫故守節撫子成立教諭曹
源郁給以節操裕後額

劉氏吳可良妻年少守節壽至九十終邑令李贈以
勁節凌霜額

張氏吳福基妻少年守節白首完貞游擊儲連廷旌
之曰汎柏凌霜

葉氏吳榮達妻年二十八夫故守節後以壽終縣令

李文英書節茂松筠扁其門

葉氏吴榮御妻少年守節壽至八十終縣令王開泰

表以松筠勁節額

葉氏陳朝忠妻年二十六夫故守節以壽終縣令鄧

贈壽節雙美旌其閭

項氏葉元朗妻年二十八夫故撫遺子劉男成立娶

媳吴氏年二十三男又亡姑媳同心守節縣令鄧

觀以雙節冰操表之姑年九十卒吴年八十卒

葉氏吴兆任妻年二十八夫與兄營運江右兄病旅

舍適山水暴發任守兄不去遂同被溺氏聞慟哭

覓屍歸葬子僅數歲守節撫育年七十九目見五
代縣令徐傳一以節孝流芳表之
葉氏吳允堪妻年二十七夫故守節縣令蔣潤以柏
舟繼美表之
周氏陳仁顯妻年二十六夫故守節縣令張玉田以
堅冰遂志表之
葉氏張啟瓚妻年二十六夫故守節縣令張儼以冰
霜勁節表之
吳氏張從岳妻年二十九夫亡子仁柏家故貧氏茹
蘖飲冰紡織訓子孤撫成立晚年廣行善事閭里

賢之年七十一終

吴氏陳從增妻年二十七夫故守節卒享遐齡縣令

鄧贈以壽節雙輝額

吴氏練元容妻年二十夫故守節卒年五十五歲縣

令多澤厚以玉潔冰清表之

吴氏庠生練日珪妻年二十一夫故守節卒年六十

八歲知縣李以化日貞操表之石

魏氏胡翔鶱妻夫亡矢志撫孤縣令多澤厚以節操

千秋表之

吴氏胡從禎妻青年夫故守節四十餘年縣令王題

後 前

其匾曰壽節可嘉

胡氏毛添儒妻夫故守節數十年縣令李給以冰操足式額

吳氏練日櫹妻年二十夫亡伯氏欲奪其志氏毀容截髮乃止後以節終享壽六十

曾氏葉永楠妻年二十八夫故守節學憲賞以貞心古松表之

胡氏林永泰妻年二十八夫故守節終年七十有一

林（陳）氏胡崇祺妻年二十六夫故守節終年六十有九

林氏吳時亮妻年少守節終年七十有四

吴啟臻妻年二十四夫故守節卒年七十有八

葉氏吴春鑑妻年二十六夫故守節卒年六十有六

陳氏林春蕃妻年二十一夫故守節終年八十有一

吴氏毛大蘇妻年二十八夫故守節卒年六十有六

毛氏吴豸妻年二十八夫故矢志終年七十有四

胡氏吴伯創妻少年守節子文欽娶范氏年二十七

欽故一門雙節後俱以壽終

周氏練國瓊妻年二十七夫故守節以壽終

李氏吴恭妻年二十七夫故守節孝事姑撫二孤

成立以壽終

葉氏練元斌妻年二十夫亡堅守以節終

胡氏庠生練日垣妻少年夫故以守節終

蔡氏吴世金妻年二十九夫亡貧守以苦節終

吴氏練夢駒妻夫亡守節以壽終

吴氏練國瑀妻夫亡守節以壽終

胡氏吴榮業妻少年守節以壽終

吴氏胡元陞妻少年守節以壽終

胡氏練日恬妻夫故守節以壽終

范氏練日傾妻夫故守志以節終

胡氏吴大環妻年二十七夫亡守志數十年而卒

人物志 列女

後

前

張氏練日達妻夫亡守志以節終

楊氏胡增填妻少年守節以壽終

胡氏練文韞妻夫亡守志以節終

葉氏練文賚妻夫故守志以節終

葉氏吴元肇妻少年守節以壽終

陳氏吴上泰妻少年守節以壽終

姚氏庠生吴善應妻夫故守節以壽終

范氏吴習孝夫故守節以壽終

陳氏庠生吴運鯤妻夫亡守節以壽終

陳氏吴士盈妻年二十八夫亡守節撫子成立子故

復撫孫卒年七十有八

周氏吳明松妻年二十四夫故守節卒年七十有五

周氏練世鯨妻年二十四夫亡守節卒年七十有四

吳氏練元湯妻年二十七夫亡守節卒年七十有四

吳氏劉其言妻年二十三夫亡守節卒年七十有三

周氏吳明柏妻年二十二夫亡守節卒年七十有三

張氏葉永揚妻年二十六夫亡守節卒年七十有二

劉氏葉元龍妻年二十三夫亡守節卒年六十有八

劉氏吳正譜妻年二十四夫亡貞操苦守邑令鄧以義

同柏舟表之

范氏吳自棟妻年二十四夫故守節終年八十有四
葉氏吳永堪妻年二十夫故矢志堅守邑令蔣以柏
舟繼美表之
練氏范邦樑妻年二十夫故守節卒年八十有四
吳氏范邦寅妻年十九夫亡守節卒年六十有六
吳氏張義枝妻年二十七夫故守節年踰七旬終
陳氏張從榮妻年二十七夫故堅貞守節撫子成立
卒年六十有四
吳氏范義信妻年二十二夫故守節卒年六十有四
吳氏范邦潮妻年十六夫故守節卒年六十有一

考舊志無義長

周氏張仁棟妻年二十八夫故守志撫姪承祧終年
六十有二
葉氏張儀長妻年二十六夫故守志子方六齡節凜
冰霜卒年六十有一
周氏范維岳妻年二十八夫亡撫遺腹子苦志守節
卒年七十有四
周氏葉長銓妻年二十八夫故守節卒年七十有四
邑令吳沆以冰霜矢節表之
葉氏吳其珍繼室年二十夫故撫遺孤耀祺成立娶
媳葉氏年二十三祺又亡姑媳同心守節教諭沈鏡

舊志葉氏年二十三
考下光頁則媳年確二十三

源額其門曰氷節雙清姑年七十終媳年五十四卒
葉氏張仁餘妻年二十六夫故子義幹氏以柏舟自
誓義方訓子卒年五十有四
胡氏范發駿妻年二十四夫故家甚貧氏勤紡織撫
遺腹子成立卒年七十餘
葉氏吳永乾妻年二十九夫故撫孤成立事舅姑以
孝聞邑令鳴山給以節孝堪嘉額
黄氏范邦鈐妻年十八夫亡遺腹生子尚模氏撫育成
人苦節益著旌年六十有一
范氏吳義盛妻年二十七夫故守志繼姪成祧邑令之

嗚山以節孝堪嘉表之
胡氏黄漢梅妻年二十八夫故守志撫子成立邑令
黄以節義可風表之
陳氏張義顯妻年二十八夫亡堅志守節撫育幼子
辛年六十有二
甘氏練學蘭妻年二十八夫故守節邑令黄以節義
流芳表之後以壽終
周氏儒童劉光表妻年二十二夫亡遺腹子生克明
撫訓成人邑令孫旌以節孝堪嘉
葉氏吴兆統妻年二十七夫故守節撫子成立教諭

人物志、列女

林以節壽雙輝表之

張氏周仁煥妻年二十二夫故貧守以苦節終

魏氏吳世孔妻年二十五夫故守節以壽終

胡氏吳日枝妻年二十八夫故矢志以壽終

范氏吳源妻年二十八夫亡守節以壽終

練氏劉忠興妻年二十七夫故家貧撫守子正銓娶

毛氏年十七銓又亡姑媳同心完節

吳氏王遇海妻年二十九夫故教諭守志教諭朱以壽節

兩全表之

劉氏周長有妻年二十一夫故遺腹生子世德撫訓

成立年六十有三

周氏吴積傑妻年二十六夫故守節卒年六十有一

陳氏周元秀妻年二十六夫故守節卒年六十有二

葉氏吴積齡妻年二十二夫故守節以壽終

周氏吴上元妻年二十六夫故撫孤守節以壽終

劉氏庠生吴孟登妻年二十八夫故守節以壽終

周氏吴上振妻年二十二夫故矢節以壽終

周氏項華新妻年二十五夫故守節以壽終

范氏吴世顯妻年二十三夫故守節以壽終

陳氏范培榮妻年二十四夫故守節以壽終

後
前

已見葉氏吳其珍繼室此為重出可刪

劉氏吳積信妻年二十八夫故守節以壽終
吳氏練世豪妻年二十七夫故守節以壽終
周氏吳積儒妻年二十五夫故守節以壽終
葉氏儒童吳耀祺妻年二十三夫故守志卒年五十
有四
王氏吳星鳳妻年二十一夫故守節卒年八十有七
張氏吳星鶴妻年二十五夫故守節卒年六十有二
劉氏葉光俊妻年二十九夫故守節卒年八十有二
周氏庠生毛九苞妻年二十一夫故守節五十餘年
吳氏儒童毛元習妻年二十七守節卒年三十有八

吴氏儒童毛元鏊妻年二十五夫故守節事姑以孝訓子成名卒年六十有四

葉氏庠生陳巖妻年二十二夫故守節卒年五十四

毛氏儒童范傳經妻年二十八夫故守節卒年四十六歲

張氏林恒高妻年二十五夫故守節卒年四十有七

陳氏儒童毛元斐妻年二十三夫故遺腹生子飛鳴撫訓成立知縣劉贈以閫德流光額卒年六十九

張氏葉亦芳妻年二十七夫故守節旌年六十五歲

胡氏葉明照妻年二十七夫故守節旌年六十四歲

考舊志是賜越

查下有賜鈇則此當是賜鉞

練氏吴錫越妻年二十七夫故守節旌年六十二歲

陳氏胡維通妻年二十二夫故守節現年八十一歲

何氏吴光長妻年二十三夫故守節旌年五十四歲

葉氏吴長槐妻年二十八夫故守節旌年五十三歲

陳氏葉應滿妻年二十四夫故守節旌年五十二歲

范氏庠生吴承祖妻年二十九夫故守志以節終

周氏毛道藴妻年二十七夫亡矢節旌年五十歲

練氏吴賜鈇妻年二十一夫故守節旌年六十一歲

吴氏庠生毛漸逵妻年三十夫故守節旌年六十歲

周氏毛端翠妻年二十三夫故守節撫孤成立壽終

陳氏黃大家（家大）妻年二十五夫故孝姑撫子以節終

葉氏劉光華妻年二十九夫故守節旌年九十一歲

葉氏劉繼銘妻年三十夫故守節旌年七十一歲

吳氏王關枝妻年二十七夫故守節以壽終

吳氏李大會妻年二十夫故撫孫仁全守節以壽終

吳氏姚天璋妻年二十八夫故家貧守志立嗣繼後終年八十有二

蔡氏吳立英妻年二十八夫故守節子德炳娶葉氏年二十五炳又亡姑媳矢志苦守姑年八十媳年六十仝辛邑令張以同心節操表之

姚氏麐生吴肃冕妻年二十七夫亡矢志撫姪承祧卒年六十有七

劉氏葉長英妻年二十二夫故子維浪甫三齡氏矢志撫孤孝事翁姑迄以節終

周氏姚國和妻年二十四夫故守節終年七十有五

吴氏陳大妹妻年二十四夫故守節卒年六十有八

吴氏陳文順妻年二十夫故守節儒學章以柏舟自矢表之卒年七十有一

葉氏劉長武妻年二十九夫故守節卒年七十有九

項氏夏開啟妻年二十九夫故苦守卒年七十有三

劉氏葉其車妻年二十九夫故守節卒年七十有九

吴氏劉玉才妻年二十九夫故守節卒年五十有六

陳氏吴寶男妻年二十四夫故守節邑令譚給以冰霜守志額後以壽終

胡氏夏宏棠妻年二十八夫故守節卒年七十有三

夏氏吴克貫妻年二十六夫故守節以壽終

項氏周民起妻年二十九夫故守節卒年六十有三

陶氏吴作楷妻年十八夫故矢志撫遺腹子克枝成立以壽終

楊氏吴希之妻年二十八夫故撫孤成立以節終

周氏翁林喜妻年二十四夫故守節卒年七十有四

周氏林有枝妻年二十四夫故守節卒年七十有九

藍氏吳進金妻年十八夫故守節卒年五十有五

吳氏姚作榮妻年二十六夫故守節姑久喪明氏孝養扶持至終不懈撫姪為嗣卒年五十有七

葉氏陳元利妻年二十八夫故家貧守節撫諸孤成立卒年七十歲

林氏蔡餘智妻年二十七夫亡守節旌年五十有六

徐氏陳顯平妻年二十七夫亡守節卒年八十歲

項氏周正寶妻年二十六夫亡守節旌年五十有一

練氏吴天元妻年二十六夫亡守節旌年五十有四

夏氏吴永榮妻年二十六夫亡守節旌年五十有三

余氏劉則能妻年二十七夫亡守節旌年五十有五

項氏姚德良妻年二十九夫亡守節旌年七十歲

吴氏栁永和妻年二十九夫亡氏矢志守節撫育三子長成卒年八十

吴氏庠生江占鰲妻年二十六夫故守節孝事翁姑喪葬盡禮終年八十有六

吴氏庠生周殿麟妻年二十一夫故守節儒學呈給以松筠節操匾額後以壽終

吴氏江乾溪妻年二十五夫故守節以壽終

姚氏周連達妻年二十九夫亡守節旌年五十有二

夏氏葉新勲妻年二十六夫故守節終年七十邑令

蔣額其門曰松筠節操

吴氏李長標妻年三十夫故守節終年八十有六

吴氏劉則榮妻年十九夫故無子繼姪潤廷為嗣守

節至四十有八而卒邑令黄以志同冰霜表之

吴氏葉日川妻年二十八夫故守節旌年七十有四

周氏楊恒福妻年十九夫故守節以壽終

沈氏吴關德妻年二十五夫故守節卒年四十有四

周氏葉宜樹妻年二十五夫故守節旌年五十歲

吳氏庠生葉潤芳妻年二十九夫故守節以壽終
李氏吳世貴妻年二十九夫故守節卒年七十有六
范氏吳貴來妻年二十二夫故守節旌年六十有六
楊氏吳大週妻年二十四夫故守節終年七十有六
吳氏范邦久妻年二十夫故守節旌年五十有四
毛氏范尚魁妻年二十八夫故苦守撫子成立壽終
童氏范俊良妻年二十七夫故守節卒年六十有五
姚童氏吳永進妻年二十七夫故守節旌年六十有四
吳氏何金燕妻年二十九夫故守節邑令郭以節孝
風勵表之終年七十有二

前

童氏
周文富妻年三十夫故守節旌年五十有九
姚氏庠生胡繼望妻年二十二夫故守節二子年幼
撫育成立壽六十有七
胡氏何其坦妻年二十七夫故撫姪守節卒年六十
吴氏周如齡妻年二十六夫故守節終年六十有九
余氏胡錦袍妻年二十六夫故守節以壽終
葉氏吴光謨妻年二十九夫故守節終年八十有八
吴氏庠生胡鈺袍妻年二十八夫故撫孤志禮成立
娶媳吴氏生一孫志禮又亡媳年纔二十四姑媳同
心完節姑年八十終媳年七十一終邑令鳴給以冰雪

雙清額

黃氏鮑爵壽妻年十八夫故守節撫姪為嗣終年七
十有七

王氏何玉煒妻年二十七夫故守節卒年七十有七

王氏吳得時妻年十九夫故守節撫遺腹子成立邑
令戈廷楠以冰清玉潔額其門卒年七十有二

吳氏何美陞妻年二十五夫故守節卒年七十有六

瞿氏孫繼懷妻年二十三夫故矢志苦守卒年七十
有四

李氏何其巍妻年二十八夫故守節卒年六十有七

劉氏吴錫年妻年二十三夫故家貧子幼撫訓成立卒年七十

范氏吴光海妻年三十夫故守節卒年六十有一

吴氏庠生何其坤妻年二十夫故守節卒年四十有四

湯氏何燦安妻年二十九夫故守節以壽終

鮑氏何玉繁妻年二十六夫故守節以壽終

吴氏葉作禮妻年二十五夫故守節儒學王給以夫志冰霜額壽七十有七

周氏吴成學妻年二十二夫故子甫三月氏堅志守

節撫訓成立卒年六十有一

吳氏何其祥妻年十八夫故矢志撫子美宗甯成立娶媳吳氏年十九甯又卒姑媳同心守節姑年五十八媳年六十四均以壽終

周氏何美傳妻年二十九夫故矢志以節終

葉氏庠生何其墉妻年二十六夫故守節以壽終

吳氏何美璜妻年二十九夫故守節以壽終

吳氏何美修妻年十八夫故守節以壽終

黃氏吳桂燕妻年二十三夫故守節以壽終

齊氏吳桂華妻年二十四夫故守節旌年五十有五

吴氏蔡高中妻年二十夫故守節旌年五十歲

葉氏吴則稷妻年二十三夫亡守節壽至八十終孫

傳經爲諸生縣令鄒贈以苦節生輝額

吴氏楊翰弟妻年二十九夫亡守節事翁克孝撫遺

腹子成立卒年六十有六

楊氏吴舉良妻年二十四夫故守節以壽終

楊氏吴爐妻年二十二夫故守節撫遺腹子成立終

年九十有六

吴氏庠生楊何達妻年三十夫亡守節課子成名長

思震明經次思舜庠生氏年八十七卒

余氏楊公舉妻年二十四夫故家貧守節撫姪爲嗣

辛年五十有七

周氏庠生吳紹文妻年二十五夫故矢節撫遺腹子

成立終年六十有八

周氏楊公倫妻年二十五夫故守節以壽終

李氏吳培傳妻年三十夫故守節旌年五十有二

項氏季長奎妻年二十九夫故守節壽至八十終邑

令郭從善以節孝流芳額表之

葉氏季運龍妻年二十八夫故守節邑令張以節操

堪風表之辛年六十有四

人物志　列女

葉氏沈長瑢妻年十九夫亡子甫提抱氏矢志冰霜撫孤成立事翁姑尤以孝聞終年九十有六

沈氏陳志鑛妻年二十六夫故守節卒年六十有五

林氏吳金符妻年二十四夫亡矢志撫子啟昌成立娶媳王氏年二十一昌又亡姑媳同心守節以壽終

周氏庠生田涵妻年二十一夫故守節卒年六十有九

姚氏庠生季熺妻年二十五夫故以苦讀遘疾氏侍奉湯藥經年夫故哀慟失明堅志守節撫子應選成

人入國學孫六長銘明經邑令樂韶給以志潔冰

壺額終年六十有八

楊氏吴廷舉妻夫故守志卒年九十三邑令戈廷楠

以令儀壽母額表之其子庠生邦彦妻金氏年二

十八彦亡金事姑撫子孝慈兼至後諸孫相繼遊

庠恒指食稟尤爲名諸生金年六十有三卒

吴氏稟生田嘉翰妻年二十五夫亡矢節撫孤長子

煌次和同入庠和後爲恩貢生孫慶餘拔貢官湖

南石門縣知縣人咸稱節孝流芳旌年七十有一

吴氏季應培妻年二十九夫亡矢志撫子必鵬成立

人物志　列女

娶媳姚氏年二十四鵬又亡舉子錫賢方週歲氏

矢志堅貞姑媳同心完節以壽終

烈婦許氏吳思榮妻年十八夫亡誓以死殉慟哭七

日遂自縊時人稱其節烈教諭呂榮華有傳見藝文

鄭氏毛光基妻年二十四夫故守志撫遺孤光華成

立娶媳葉氏年二十九生子鳳鐏而華又亡婦姑

同賦柏舟邑令樂以冰操同心表之

周氏王國彬妻少年夫故撫孤守節尤樂善好施鄉

隣有窮乏者悉周恤之時人稱其德壽至八十餘

終

楊氏周士重妻年二十八夫故無子撫姪茂晃為嗣俾成立入國學生氏尤樂善凡修橋砌路無不慨然資助教諭沈以鏡源以淑貞慈善表其門

楊氏蔡邦輔妻年三十夫亡矢志歷久不渝訓子聲為諸生邑令樂給以節孝傳芳額

吳氏季仲康妻年二十四夫亡矢節撫遺腹子成立後為者諸生

許氏吳啟彪妻年二十九夫亡撫遺孤完苦節壽至九十有餘

郭氏毛可桂妻年二十八夫故守節卒年八十有四

吳氏李永和妻年十七夫故守節卒年三十有三

謝氏周仲堯妻年二十四夫故守節撫子文亮誓死
靡他卒年八十有一

張氏沈長禎妻年三十夫故守節卒年六十有七

劉氏鄭柏松妻年二十七夫故守節卒年六十有六

李氏吴恒熙妻年二十四夫故守節卒年六十餘歲

吴氏許汝揚妻年二十八夫故以守節終

吴氏李發松妻年二十六夫故以守節終

葉氏姚長壽妻年二十八夫故以守節終

王氏謝永倫妻年二十二夫故以守節終

余氏吴仲武妻年二十七夫故以守節終

李氏吴新鋭妻年二十六夫故旌年六十有六

蔡氏吴金鎮妻年二十六夫故以守節終

沈氏田嘉憑妻年二十三夫故以守節終

葉氏周顯榮妻年二十五夫故以守節終

沈氏吴海儀妻年二十四夫故以守節終

周氏吴新機妻年二十七夫亡矢志靡他邑令陳給以瑶池冰雪額終年七十有三

李氏吴子佑妻年二十九夫故守節終年八十有六臨危猶諄諄以助義舉勗其子

周氏吴喬木妻年二十六夫故守節撫子啟文成立卒年有二六十有二

人物志　列女

吴氏田易妻年二十六夫故守節卒年六十有六

李氏蔡啟福妻年二十九夫故家貧守節卒年七十有七

賴氏吴經旺妻年二十六夫故守節卒年六十有二

劉氏謝廷棟妻年二十八夫故守節卒年六十有四

楊氏麋生吴佐妻年二十四夫故家貧守節卒年五十有二

温氏何其毅妻年二十五夫故守節卒年七十有五

劉氏田如櫛妻年[illegible]十八夫亡守節卒年三十有九

姚氏吴成浩妻年二十八夫故守節撫子應聘成立

娶媳陳氏年二十五騁又云陳亦矢志不二奉姑

同心完節

周氏田璣妻年二十六夫故以守節終

徐氏沈朝維妻年二十七夫故以守節終

吳氏葉閑明妻年二十九夫故以守節終

吳氏李兆表妻年二十二夫故以守節終

吳氏李兆槐妻年二十五夫故以守節終

朱氏范尚疇妻年二十五夫故以守節終

楊氏季子人妻年二十六夫故守節卒年八十歲

楊氏庠生吳謙妻年二十九夫故守節旌年七十有

一

周氏季忍溥妻年二十四夫故守節旌年五十

吴氏庠生田嘉琪妻年二十夫故守節旌年六十有

三

練氏季世然妻年二十八夫故守節終年八十有一

陳氏林元發妻年二十九夫故以守節終

毛氏周子啟妻年十九夫故以守節終

葉氏林元滔妻年二十七夫故以守節終

陳氏楊富盛妻年二十九夫故子甫五月氏堅志撫

孤以守節終

沈氏鮑長松妻年二十四夫故以守節終

楊氏監生沈維朋妻年二十八夫故以守節終

夏氏蔡邦壽妻年二十五夫故以守節終

葉氏吴佛養妻年二十九夫故以守節終

沈氏姚長明妻年二十九夫故以守節終

謝氏邵文湋清妻年二十八夫故以守節終

吴氏周賃部妻年二十四夫故守節卒年八十有六

吴氏生員季士賢繼室年二十二夫故子逢丙尚襁

褓元配子逢春方四齡氏撫視如一訓二子俱入

庠守節六十二年壽至八十四終

人物志 列女

吴氏張希相妻年二十八夫故守節訓子成人卒年七十有四

李氏庠生吴定國妻年二十八夫故守節卒年七十有一

吴氏庠生姚垂邠妻年二十五夫故守節卒年六十有一

沈氏李煦薰妻年二十七夫故以守節終

葉氏吴炳烈妻年二十八夫故以守節終

蔡氏庠生邵友仁妻年二十九夫亡子爲梅甫三歲氏事姑撫幼旌年六十有一

李氏沈旺越妻年二十六夫故義方訓子邑令以節
媲松筠表之
以後同治六年旌
吴氏賴芝璉聘室未婚璉亡氏年十六越喪守節擇
嗣承祧時現年六十有七當道旌其門曰抱璞完貞
姚氏儒童吴兆禧妻年二十九夫亡守節事翁姑盡
孝人無間言撫諸子成立長汝璋援例次汝瑛食
餼有聲儒學徐謝贈以歐母遺風額卒年五十二
姚氏國學生吴文光妻年二十九夫故厲志冰霜足
不踰閾事繼姑尤以孝聞撫子汝治成立俾入太

學操家政循循規矩有賢聲儒學謝潘題松柏矢貞

額表之辛年六十

張氏儒童吳文奎妻年二十八夫故長子汝棫甫三

歲次汝樸猶在娠中氏撫孤守節備歷辛勤事繼

姑尤盡孝操家政暇課子讀有孟母遺規棫爲名

諸生蜚聲庠序樸亦入成均儒學謝給以名昭彤

管額現年五十有四 辛 九 三

姚氏生員吳虞揚妻年二十七夫亡矢志守貞撫子

美先成立入邑庠旋食餼儒學吳給以節能兼訓

時額現年六十五有傳見藝文

范氏吴思毅妻年二十七夫亡矢志不渝撫孤成立

子鳳翔列庠鳳翱鳳翥俱入成均現時年六十

吴氏姚之禮妻年十九夫故矢志撫子成立後俱列

庠時現年六十有三

林氏蔡錫純妻年二十六夫故守節卒年六十有三

林氏池士廣妻年二十五夫故守節現時年六十

吴氏池士茂妻年二十七夫故守節現時年六十

劉氏蔡世鳳妻年二十七夫故守節卒年七十有五

鄭氏池朝宗妻年二十九夫故守節卒年七十有二

吴氏生員田良妻年二十九夫故守節卒年七十

吳氏增生沈之溶妻年二十九夫故守節卒年七十

周氏季釗妻年二十七夫故守節旌年六十

葉氏闕培梧妻年二十五夫故守節旌年八十白髮在

高堂遺孤在襁褓敬老慈幼人無間言終年七十有一儒學謝贈以松柏同貞額

王氏季鈞妻年二十四夫故守節旌年六十

黎氏姚英妻年二十三夫故守節現時年六十有八

沈氏吳仁妻年二十七夫故守節撫嗣之才成立旌

年五十有六

謝氏吳儒選妻年二十八夫故守節現時年六十有四

張氏吳賢仁妻年三十夫故守節現時年六十有三

沈氏賴爲元妻年二十一夫故守節旌年五十有四

陶氏季達挺妻年二十四夫故守節旌辛年五十有六清同治

葉氏張學閑妻年三十夫故守節旌年五十有一

七年知縣呂懋榮贈以節堅金石扁額

吳氏監生何毓澤妻年二十八夫故守節現年六十時

陳氏儒童吳其棫妻年二十一夫故守節現年六十時

周氏葉金才妻年二十三夫故守節旌年五十有一

賴氏沈大恒妻年二十八夫故守節旌年五十有一

陶氏監生吳登榮妻年二十一夫故守節旌年五十

吳氏武生姚榮恩妻年二十六夫故守節現年七十終七九

胡氏季達聲妻年二十五夫故守節現年六十有五清同治

七年知縣呂懋榮贈以志潔冰壺額

吳氏生員季占高妻年二十九夫故守節時年五十九

姚氏生員吴兆祺妻年二十七夫故堅志守節撫姪

汝淋爲嗣得入庠事九旬邁姑尤以孝聞宗黨賢

之時現年六十

憲旌列後

葉氏庠生吴宜運妻年三十二夫故守節卒年八十

胡氏職員吴啟爔妻年三十五夫故守節卒年六十

李氏職員張繼武妻年三十五夫故守節卒年八十

李氏吴德蔭妻年三十五夫故守節卒年八十有八

葉氏王華官妻年三十五夫故守節卒年七十有六

吴氏儒童周烈妻年三十三夫故守節卒年七十有七

余氏儒童吴正匡妻年三十五夫故守節卒年七十

沈氏吴繼陵妻年三十五夫故守節卒年五十有二

陶氏吴新馨妻年三十二夫故守節旌年七十有八

張氏庠生吴開来妻年三十一夫故守節旌年八十

林氏吴德壽妻年三十一夫故守節旌年七十有一

吴氏庠生姚樹人妻年三十四夫故守節旌年七十

葉氏吴豫瀛妻年三十四夫故守節旌年六十有九

王氏姚公彩妻年三十五夫故守節卒年七十

陳氏吴得喜妻年三十五夫故守節旌年六十有四

吴氏王亦寶妻年三十五夫故守節旌年六十有九

閔閔閔閔閔閔閔閔閔閔

瞿氏翁高榮妻年三十五夫故守節旌年六十四

葉氏張有紀妻年三十五夫故守節卒年七十三

姚氏王亦錦妻年三十五夫故守節旌年五十九

王氏吴德潛妻年三十四夫故守節旌年五十七

姚氏吴開有妻年三十四夫故守節旌年五十四

吴氏范尚繡妻年三十一夫故守節旌年五十三

張氏吴德澄妻年三十五夫故守節旌年五十二

吴氏柳元智妻年三十二夫故守節旌年五十二

陳氏葉美和妻年三十五夫故守節旌年五十二

余氏生員姚慶雲妻年三十五夫故守節旌年五十

葉氏劉朝現妻年三十五夫故守節旌年五十一

吳氏儒童周之德妻年三十四夫故守節以壽終

王氏廩生季宗梧妻年三十五夫故守節以壽終

周氏儒童姚樹棠妻年三十五夫故守節以壽終

孫氏李進明妻年三十一夫故守節旌年五十二

余氏吳桂發妻年三十一夫故守節卒年五十五

吳氏王達輝妻年三十五夫故守節卒年五十七

龔氏姚永富妻年三十五夫故守節卒年八十

以上咸豐元年旌

朱氏封員吳錫貴妻年三十五夫故苦守貞操課子

勤讀有和九畫荻風長子炳文同治癸酉拔貢候選教諭敦行力學尤卓著一時郡守清贈以孟母遺徽匾額卒年六十

夏氏張啟瑞妻年三十五夫故守節現（時）年七十有六

吳氏儒童姚石麟妻年三十三夫故守節旌年六十

吳氏儒童姚球妻年三十五夫故守節現（時）年六十有八

吳氏儒童田祥妻年三十五夫故撫孤守志歷久不渝儒學謝贈以熊丸苦茹（額）子慶藏入庠

吳氏生員姚蕙田妻年三十五夫故守節現（時）年六十

有四

以上同治六年旌

壽婦凌氏鍾聲高妻年一百歲子四孫八曾孫五共

聚一堂儒學沈以錫齡衍慶額贈之

賢婦吴氏瑞金縣知縣姚鐸妻夫故子軾轍俱幼氏

勤力訓子俱遊庠援例加州同銜郡守孫大儒給

以共孟同心匾額

以後光緒二年旌

李氏余永邦妻年十五夫故守節卒年七十有一

葉氏周繼鎬妻年三十夫故守節卒年六十有八

周氏儒童張寶堂妻年二十五夫故守節卒年六十
二嗣子韶邑增生
葉氏沈永邦妻年二十夫故守節卒年七十有二
季氏武生吳邦森妻年二十八夫故守節卒年四十七
撫子烜成立入國學
葉氏劉金賡妻年三十夫故守節孝事邁姑撫子建
厚成立旌年六十有七
沈氏葉宜滋妻年十九夫故守節孝事邁公翁旌年六
十有一
季氏監生姚雍妻年二十五夫故守節旌年六十有六

吴氏范尚楷妻年二十二夫故守節孝敬翁姑撫孫成立旌年五十有四

周氏儒童吴魁選妻年二十九夫故守節旌年五十四子兆訓

王氏儒童吴詵選妻年二十三夫故守節旌年五十歲子憲熙入庠

周氏葉宜達妻年二十八夫故守節旌年五十有六

練氏生員吴家修妻年二十六夫故守節旌年五十有八子起欽方六歲守節撫孤光緒三年縣令史恩綪詳請撫憲籤拔節第一名奏聞奉旨旌表教諭陈寿民贈以柏舟矢志額壽年六十有三

李氏儒童劉其英妻年二十八夫故守節孝事翁姑

旌年五十有一

周氏范孝慶妻年二十五夫故守節孝敬事翁姑撫孤

成立旌年五十有一

吳氏儒童何挺良妻年二十七夫故守節旌年五十

有四

邵氏庠生季增妻年二十八夫故守節孝事翁姑撫

子成立長逢貞入成均次逢鎧業儒旌年五十有

一

楊氏葉舒岐妻年二十九夫故守節旌年五十有二

何氏監生吳汝鑾妻年十八于歸孝事翁姑二十八

夫故痛不欲生越數日嘔血而亡人稱孝烈兼全

憲旌附

蔡氏吴新穀妻年三十五夫故守節旌年六十有四

季氏職員姚文坊妻年三十五夫故守節撫子成立

長珍業儒次典食餼旌年五十

以後待旌

毛氏吴介墳聘妻年十九墳攻苦遘疾氏聞往吴侍

奉湯藥踰月夫故誓志守節卒年七十有七

劉氏儒童蔡邦純妻年二十六夫故守節卒年七十

一嗣子錦

蔡氏吳增齡妻年二十九夫故守節卒年七十有五
沈氏周永長妻年三十側室王氏年二十六夫故同
心守節沈卒年六十一王卒年六十子甫炳
吳氏儒童劉賜壽妻年二十六夫故守節卒年五十
四嗣子能適
吳氏劉賜茂妻年二十八夫故守節卒年四十
陳氏李兆相妻年二十于歸結褵六月夫故遺腹生
子名開發撫孤守志卒年七十有七
葉氏胡世球妻年二十二夫故守節卒年七十有三
賴氏廩生吳用中妻年二十二夫故守節卒年六十

二子步瀛邑庠生

吴氏范尚詩妻年二十九夫故守節卒年五十有六

劉氏胡道平妻年二十三夫故守節卒年五十

吴氏儒童周廣坤妻年三十夫故守節卒年六十有五

練氏葉正億妻年二十九夫故守節卒年六十有八

項氏陳可武妻年二十七夫故守節卒年七十有九

吴氏姚維鐸妻年十九夫故守節卒年五十有一

胡氏吴林棟妻年二十六夫故守節卒年六十有二

吴氏庠生葉凌雲妻年二十九夫故守節卒年四十有八

人物志 列女

閱閱閱閱閱閱閱閱閱

陳氏柳永達妻年三十夫故守節卒年七十

虞氏吴餘萬妻年二十九夫故守節卒年六十有九

葉氏吴必裕妻年二十七夫故矢志以節終

毛氏吴學讓妻年三十夫故守節卒年六十有九

張氏范邦富妻年二十七夫故守節卒年六十有八

胡氏吴孝維妻年三十夫故守節卒年八十有四

吴氏葉發裕妻年二十七夫故守節卒年七十

吴氏葉應爐妻年二十四夫故守節卒年四十有九

陳氏吴禮楷妻年二十九夫故子積才甫三歲撫孤

苦守卒年六十七知縣李家鵬以清潔可風匾額

表之

劉氏胡道亮妻年二十九夫故守節卒年七十有八

毛氏胡學祥妻年二十三夫故守節卒年五十有六

葉氏吴錫奎妻年二十于歸結褵數月夫故撫嗣守節卒年五十有六

陳氏吴道潤妻年三十夫故撫孤苦守卒年五十有二

魏氏儒童何挺廉妻年二十九夫故守節卒年六十撫孤子長旌成立娶媳吴氏甫生孫而子長旌又亡姑媳同誓之死靡他姑終年六十有六媳殁年七十縣令沈贈以柏舟雙節匾額

毛氏監生丁汝檝妻年二十二夫故守節卒年三十有三

田氏監生潘景圖妻年二十五夫故守節卒年三十

有五

烈婦葉氏吴禮愛妻年二十三夫染廢疾勸令改適

氏自縊以見志

林氏周子純妻年二十二夫故哭泣廢食越月而卒

葉氏監生沈渭銘妻年咸豐八年奉姑避亂遇賊不屈

被戕時年三十有八

劉氏李奇根妻咸豐八年遇賊不屈被殺時年二十

有四

周氏生員蔡鏞妻年三十夫故側室王氏年二十一

同心守節周現時年六十四王現時年五十歲子進城

蔡氏儒童周忠廉妻年二十八夫故守節現年五十
沈氏吳啟超妻年三十夫故守節現年七十三子之
勳列庠
吳氏鄭大芳妻年二十七夫故守節現年五十有四
沈氏鄭大學妻年二十四夫故守節現年五十有三
陳氏李慈薰妻年二十八夫故守節現年五十
田氏庠生吳拱鱸妻年二十七夫故守節現年五十
四子畧詔業儒
吳氏許應榮妻年二十八夫故守節現年七十五
沈氏儒童劉賜回妻年二十八夫故守節現年六十

有七

李氏吴天生妻年二十九夫故守節現(時)年五十二

季氏李兆爍妻年三十夫故守節現(時)年五十

吴氏季銀妻年二十八夫故守節現(時)年五十一子之

茂入庠

葉氏范傳孟妻年二十八夫故守節現(時)年五十

虞氏吴思照妻年二十九夫故守節現(時)年五十三

毛氏吴昌煥妻年二十九夫故守節現(時)年六十一

虞氏吴昌發妻年二十七夫故守節現(時)年六十五

虞氏吴賜槐妻年二十四(六)夫故守節現(終)年五(六)十九(有一)

吴氏葉芝銓妻年二十四夫故守節時現年五十

吴氏周蔡興妻年二十七夫故守節時現年六十二

虞氏吴富連妻年三十夫故守節時現年七十二

張氏吴舜應妻年二十三夫故守節時現年六十一

陳氏吴長琪妻年二十七夫故守節時現年六十四

瞿氏柳庭賜妻年二十九夫故守節時現年五十六

葉氏姚鏡銘妻年二十四夫故守節時現年五十四

林氏葉宗仁妻年二十一夫故守節時現年六十八

周氏劉朝芬妻年二十八夫故守節時現年六十八

吴氏周仁静妻年三十夫故守節時現年六十五

吴氏鄭國長妻年三十夫故守節現時年六十歲

胡氏鄭國仁妻年二十七夫故守節現時年五六十五八

陳氏武生吴登科妻年三十夫故守節現時年五十三

葉氏胡有泉妻年二十二夫故守節現時年五十八

張氏生員吴際泰妻年三十夫故守節終現年五七十有八

毛氏吴昌禮妻年三十夫故守節現時年六十

何氏庠生吴檽妻年二十九夫故守節現年五十僅育一子、矢志柏舟、茹苦撫孤、訓子成家，清光緒二十年奉憲旌表，壽終八十有四時

范氏庠生吴鳳翔妻年二十九夫故守節現年五十有六

周氏儒童吴作沛妻年二十七夫故守節現時年五十

胡氏吳鑑郁妻年三十夫故守節現年五十九

胡氏吳明樹妻年二十九夫故守節現年七十六

葉氏吳章榮妻年二十九夫故守節現年六十四

范氏吳廷煥妻年二十九夫故守節現年七十

虞氏吳嗣寶妻年二十夫故守節現年六十二

李氏吳啟越妻年二十八夫故守節現年五十五

劉氏儒童沈士源妻年二十夫故守節現年六十一

吳氏胡崇觀妻年二十七夫故守節現年七十七

范氏監生吳秉德妻年三十夫故守節現年五十

陶氏胡從嘉妻年二十九夫故守節現年六十一

吴氏范尚温妻年三十夫故守節現時年五十三

吴氏何長望妻年十八夫故守節現年五十

俞氏吴維榮妻年二十三夫故守節現年五十六

吴氏周子忠妻年三十六夫故守節卒年六十五一守志撫孤足不出户、四十有光緒六年、林

邑侯贈以苦節貞松匾額、胞世濤妻楊氏年二十二濤亡之嗣楊矢志柏舟、事姑盡孝、族人

為之擇嗣、吴氏以壽終、楊氏現年七十有二、

張氏甘元良妻年三十二夫故守節卒年六十五

吴氏甘惟英妻年三十四夫故守節卒年六十五

葉氏吴德統妻年三十二夫故守節卒年七十二

虞氏吴闓然妻年三十二夫故守節現時年五十七

陳氏庠生沈鑑波妻年三十一夫故守節現時年五十

有七

葉氏沈朝元妻年三十二夫故守節現年五十 時

范氏胡孔良妻年三十五夫故守節現年五十 時

范氏練時茹妻年三十四夫故守節現年六十有八 終八 三 知縣紀

旌扁曰節孝貞烈

吳氏練時珪妻年三十五夫故守節現年八十有四 終 八 知縣梁

旌扁曰節孝裕後

葉氏吳長祥妻年三十四夫故守節現年五十有二 時

姚氏練宗漢妻年三十二夫故守節現年六十有二 時

吳氏劉朝朋妻年三十五夫故守節現年六十有一 時

潘氏監生劉連魁妻年三十五夫故守節現年七十有六 時

吳氏武生胡御君妻年三十五夫故守節現年五十 時

人物志 列女

有一

王氏生員吳益彰妻年三十五夫故守節現時年[illegible]

子紹文紹瀛業儒

陳氏黃親寄妻年三十五夫故守節現時年五十有七

吳氏增生姚樹垣妻年三十五夫故守節現時年六十有

二

吳氏李寶貴妻年三十四夫故守節現時年五十有七

吳氏范尚奎妻年二十九夫故守節現時年五十二

吳氏黃之璠妻年三十夫故守節現時年五十一

吳氏周增熙妻年二十四夫故守節現時年五十

毛氏吴既順妻年二十七夫故守節現時年五十一

葉氏吴大祥妻年二十八夫故守節現時年五十一

周氏夏廷騮妻年十八夫故守節卒年九十有二

周氏夏鉉芳妻年二十四夫故守節現時年六十有二

邱氏李進洪妻年三十夫故守節卒年六十有四

陳氏柳有育妻年二十八夫故守節現年五十有四

吴氏范良惟妻年二十七夫故守節卒年九十有三

以上舊志

人物志　列女

金石志

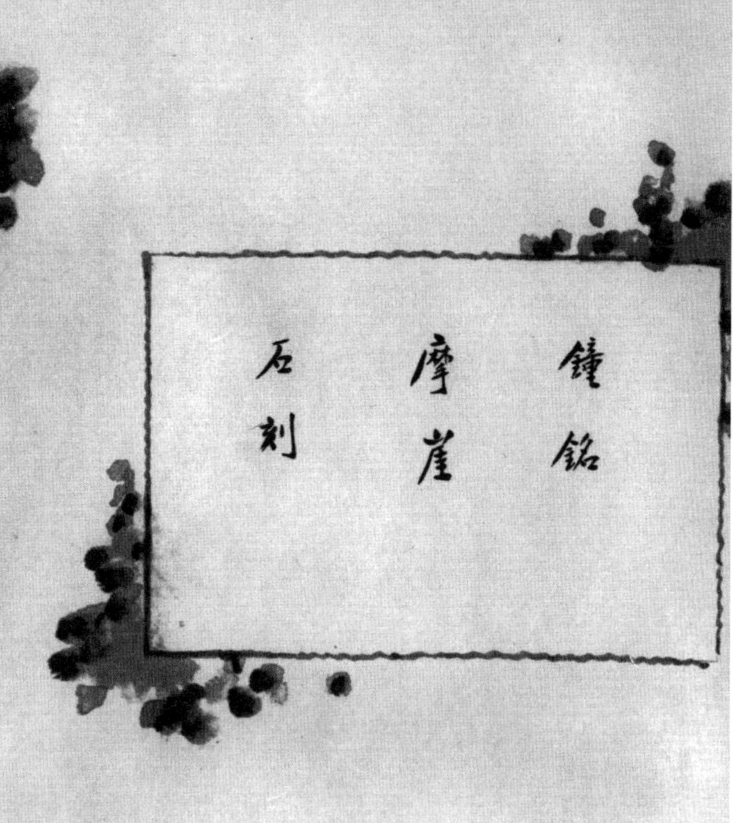

卷拾貳

第二冊 (1-12)

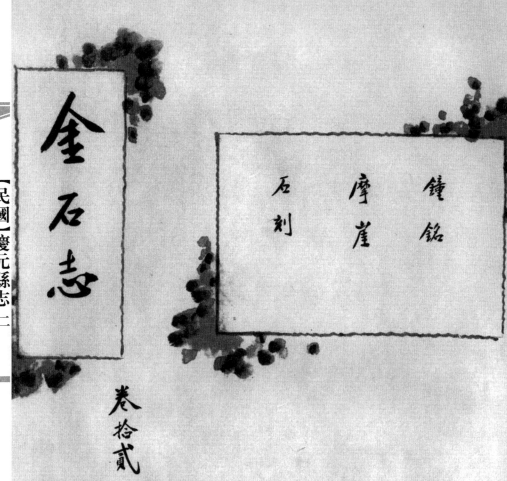

慶元縣志卷十二

金石志

鐘銘　摩崖　石刻

金石文字不獨於經史典章可以正譌訂舛即屬一都一邑其間興衰沿革藉以攷獻徵文為用尤宏舊志缺金石一門兹為搜求鐘銘三摩崖五石刻二補列於篇非敢云全邑金石盡在是也斯不過采輯所及聊為一發其凡云爾志金石

鐘銘

化成寺銅鐘文

釋迦文佛　皇圖永固　佛日增輝　無量壽佛

帝道遐昌　法輪常轉

伏願捨財信善增福壽於今生布施女男種果因於

來世功歸有自福報無差

成化丁亥十二月十二日吉化成寺鑄造本寺主持

僧法璉募緣僧子榮

主緣信士楊文顯

僧會　海淵

右鐘高四尺圍徑三尺純係銅鑄聲音嘹喨鍠鞈鏗

鏘悠揚可聽銘六行行四字鐘之上欄款識下欄十

之字行各五字或四或六字不等計九十二字正書徑三分按成化丁亥爲大明成化三年在十都化成寺樓新采訪

竹口完全小學校鐵鐘款

月

萬曆廿年

十二月　日□□

主祿正堂

同道長捐俸

官平二石

南德五捐俸

金石志　鐘銘

乂石

儒學掌教

徐捐俸五斗

訓導抑捐俸

五斗

口人列進師

右鐘在縣立第二完全小學校之左廊銘并年月（舊為上清殿所有物續將殿改為學校今址）

上欄共四行十二字末二字搗碎難認款識下欄言

十行行四五字或二字不等末行字音字漫漶不可

辨　新採訪

金石志

鐘銘

後田馬侍郎廟古鐘刊文

此鐘計高一、八六〇公尺口徑一、五八〇公尺厚〇、一二八公尺

保 直〇、一七〇公尺 横〇、一六〇公尺　四 直〇、一〇〇公尺 横〇、一四〇公尺　國 直〇、〇六〇公尺 横〇、〇六〇公尺　泰 直〇、〇八一公尺 横〇、〇六〇公尺　聖 直〇、〇七六公尺 横〇、〇五六公尺　德 直〇、〇七六公尺 横〇、〇六〇公尺

庇 直〇、一六〇公尺 横〇、一六〇公尺　季 直〇、二一〇公尺 横〇、一八〇公尺　民 直〇、〇六〇公尺 横〇、〇六〇公尺　安 直〇、〇六〇公尺 横〇、〇六〇公尺　彌 直〇、〇八〇公尺 横〇、〇八〇公尺　彰 直〇、〇八〇公尺 横〇、〇六〇公尺

三 直〇、一五〇公尺 横〇、一四〇公尺　村 直〇、一八〇公尺 横〇、一六〇公尺　風 直〇、〇六〇公尺 横〇、〇六〇公尺　調 直〇、〇八〇公尺 横〇、〇六〇公尺　香 直〇、〇六〇公尺 横〇、〇六〇公尺　煙 直〇、〇六〇公尺 横〇、〇六〇公尺

吉 直〇、一八〇公尺 横〇、二〇公尺　慶 直〇、二一〇公尺 横〇、一六〇公尺　雨 直〇、〇六〇公尺 横〇、〇六〇公尺　順 直〇、〇八〇公尺 横〇、〇六〇公尺　永 直〇、〇八〇公尺 横〇、〇六〇公尺　久 直〇、〇六〇公尺 横〇、〇六〇公尺

道光二十六年仲春月吉旦

金 鐘銘

案馬侍郎相傳爲五季時人[illegible]邑 仙鄉中八仙之一百丈山馬氏女仙之兄與女弟同證仙果此鐘首事係吳善繼吳儒通姚以成等所勸植範鑄頌語分列二層上層四行行二字下層亦四行行四字惟字體比上層略小孜上下兩層字均正書年代雖屬道光時鑄而爲後田一方居民所稱願頌禱之紀念物則亦頗足珍貴云新采訪

摩崖

賴夢松陂崖嶺亭摩崖

嶺以陂得□名□陂亦古矣孝列迎
□為利□□□洮水篠取具
荷簡端平丙申春水大至蕩無
孑遺溪流滹平苗用弗殖里□人
賴夢松爰即舊址犖石

右摩崖在十都中濟陂嶺亭石壁間行書五行首
行第三第四行均十二字第二行十一字末行九
字徑寸許字多明晰泥泐甚　僅く字□查賴

金石　篇

夢松宋時人

雲巖

壁賴夢松書後字徑五

右摩崖在十都陂嶺亭石旅康等書字徑一寸二分書寸五分無年月旁署蔡康清道光時人（新采訪）法道勁有大家風按旅

	直徑	橫徑
嵐	一、三四〇公尺	〇、八〤四公尺
岫	一、一二二公尺	〇、九五九一公尺
永	一、一九〤公尺	〇、九五公尺
清	一、二三二公尺	〇、八四〇

右磨崖在八都棘蘭隘路後明嘉靖間知縣陳澤手書新采訪

蔡允中桃滙題磨崖

桃滙放生潭

右題磨崖在十都雙濟聯合村界内依石横斜題五字於其上行書每字徑尺許旁署蔡允中題四字較小

龍井

右題磨崖在十都中濟水口龍井之旁兩字平列泐於石壁間徑尺餘與桃滙放生潭等字同一體裁純是一亦八也點

石刻

化成寺記僧惠溢勸石

天曆二年家君為慶元宰化城院僧智喜以院記請不果作後二十年復蒞茲邑智喜弟子惠溢來曰吾師不幸殁矣生平所蓄悉市田以養僧溢也奉遺命以其餘力重建佛殿及堂廡僧舍皆備惟吾師以不得記為恨尹幸嗣來之庶有以慰師於地下也予惻然念之按松源誌化城院在縣北六十里宋治平元年始建今三百載矣桑田海水遷變不常而叢林巋然獨ゝ故舊復新非佛之法能使然蓋奉佛者汲汲焉不敢怠也智喜

迣（古文往字）

師字大悦，姓吴氏，其上世皆[illegible][illegible]宦。師獨好清淨，幼棄家爲僧，持律甚嚴，不妄交游。遇人有施予，隨多寡蓄之，歲增月益，沛然有餘。嘗曰：吾非以財自累也，欲以廣佛居、足僧食而已。院本小，繇師而遂大，所謂有志者事竟成，非耶？師嘗北游，樂錢塘靈隱山水之勝，挂錫者久之。及歸而年老矣，悉以所有付溢，溢能成其師之美，楝字崢嶸，丹青煥燿，往來之人無不贊嘆。若此師弟子者，可謂賢於人也已。松源去中州甚遠，然川明水秀，異時名臣才士彬彬輩出，今其故家猶在，而風移俗易，往迣質有餘而文不足。予視事之初，首謁學宫，乃限以溪水不

（莩同芓與耔通）

暘△

得進詢其向時所謂詠歸者則已廢三十年不復矣予
不得已勸大姓為之今橋成有日而莩廩之入歲不過
十有六秠欲復募好義者益之恐民為重厲已未敢言
口噫安得為士者奉吾夫子如奉佛者〻佛之為重喜
與淨之師弟子手故為溢誌其院之成因記余之所感
如此庶幾聞者有以興起也至正十年庚寅二月既望
從仕郎處州路慶元縣尹兼勸農事孔暘△記玉界道人
崔倧篆額并書檀信吴子昱小師惠海住山惠溢立石

右碑在十都下濟化成寺正殿〻左記及題款計
十九行每行三十字皆行書篆額十六字徑三寸

新采訪

陳侯惠政亭額長二·六〇〇公尺
闊〇·三五〇公尺

亭額字

直徑〇·三三〇公尺

橫徑〇·二七〇公尺

仰

仁 〇·三〇〇公尺 〇·二八〇公尺

慈 〇·三〇一公尺 〇·二八〇公尺

平 〇·三〇一公尺 〇·二二〇公尺

川 〇·三四〇公尺 〇·一八〇公尺

陳 〇·三二〇公尺 〇·二八〇公尺

父 〇·三〇〇公尺 〇·二四〇公尺

母 〇·三〇〇公尺 〇·二九四公尺

亭 〇·三四〇公尺 〇·二三〇公尺

亭内碑

南 二·八六〇公尺

金石志 右刻

濶 一·三六〇公尺·

厚 〇·二〇一公尺

碑額

長 一·二〇〇公尺·

篆文

	直徑	橫徑
慶	〇·一二〇公尺·	〇·〇八〇公尺·
元	〇·一〇一公尺·	〇·〇九〇公尺
陳	〇·一二〇公尺·	〇·〇八〇公尺·
侯	〇·一二〇公尺·	〇·〇八〇公尺·

惠	○·一二○公尺	○·○八○公尺
政	○·一二○公尺	○·○八○公尺
亭	○·一二○公尺	○·○八○公尺
碑	○·一二○公尺	○·○八○公尺
記	○·一二○公尺	○·○八○公尺

右亭額九字正書碑額亦九字篆文

在北門登雲橋之外護龍門之內案陳侯名澤廣東南海人明嘉靖二十四年任莅慶後多惠政報最爲兩浙第一擢南京監察御史人民愛戴故建斯亭勒斯碑以誌去思碑文中字楷書計

搨下碑文

十四行每行五十七字每字直徑0.0三0公尺橫徑0.0二八公尺。新采訪

慶元陳侯惠政亭碑

括多巖邑慶僻處西南四百七十里與景寧龍泉二

泰順閩建寧相唇齒尤為險阻山坑閻小醜往往出沒

官兵或不能禁戢積數十年為害爲之令者豈不戛戛乎

其難矣哉唯聖天子明見萬里時每軫念慎選賢有才

者任是職而今平川陳侯實膺茲選下車喟而曰匪兵

藝文 碑 金石志 石刻

無以衛民匪城無以固衛二者可不謂急務然兵𢘥戰危城築費且勞如之何退思者久之深惟坐視赤子橫罹轉掠仁人所不忍剗一方民社寄之我於是捐俸米代糧餉親帥鄉壯兵奮身出戰於竹口楓塘歷三日夜殲渠首四十級生獲徒百有五十餘直搗巢穴餘黨悉夷之喙鄰境同賴以安繼遂經畧版築事條便宜上

察監守巡報可乃行邑寺田查備寺僧焚修外召賣月餘餘得田金七十餘木甓石之材採度築削之力咸以取足屹然保障延袤七百餘丈通道於八閩慶元路稱周行自茲始父老縉紳感其惠政騷騷乎頌聲作矣咸曰甘兵

以靖亂一時城以設險萬世我侯安民之功大且久若是
觀風氏最載其績為兩浙第一丁未侯當入覲父老搢紳
又方憂其遷去相與謀立亭鐫石以紀不朽予為令之
職首惟安民而侯處其時賴乃克施其賢有才以底平
渕乚以保乂茲一方斯不為思艱圖易舉稱其任者
予仲弟子揚始以天官郎主廣東試事得侯之文覘士
不凡也觀侯之作用實能攄發所蘊迺知文匪空言而
予弟之識鑒亦於是驗云抑先王所恃以治安猶有進
於是者不兵之兵不城之城仁義是已侯筮仕以來軌
道範俗知既足以達此肆令胸富甲兵為國干城應變秉

藝文 碑 金石志 石刻

經緯有餘裕裒然爲循良稱首有以夫由是推其他日施於四方何莫而不爲慶元也金鄉經衛劉侯嘗督城役謁文是爲記嘉靖二十六年正月之吉朝議大夫福建布政使司參議東崖王瀓撰通議大夫太常寺卿兼司經局正字直文淵閣侍經筵預修玉牒國史官清泉書篆

箐纂自舊志藝文

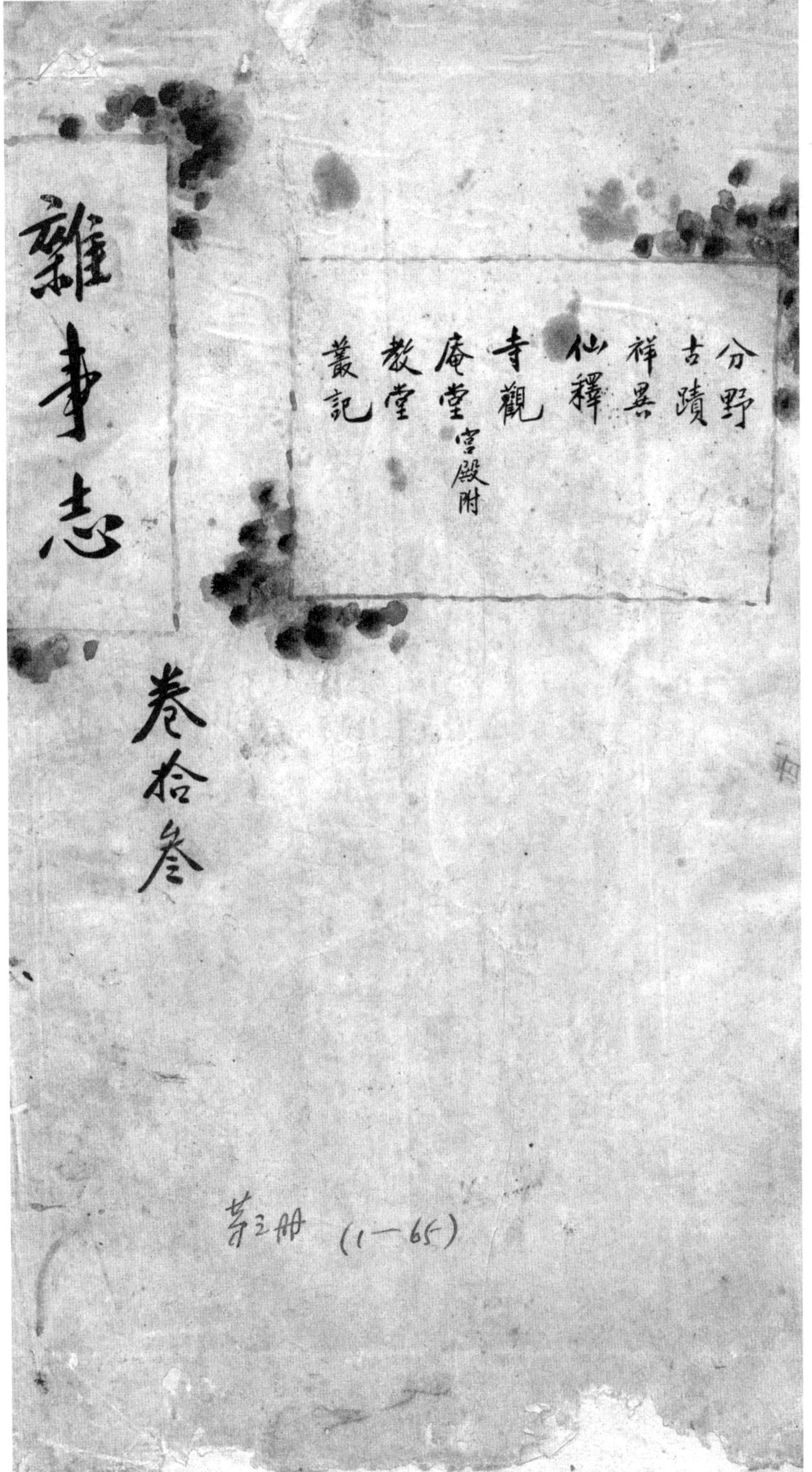
雜事志
分野
古蹟
祥異
仙釋
寺觀
庵堂 宮殿附
教堂
叢記
卷拾叁
第三册 (1—65)

慶元縣志卷十三

雜事志

分野　古蹟　祥異　仙釋　寺觀

庵堂附宮殿　教堂　叢記

八政九功前卷分記其大矣分野之說近世地理學輿事屬難徵惟舊志已登刪之駭俗姑存其說用紀傳疑災祥之說春秋有災必書洪範休咎並列史家亦未嘗舉是說而廢之至若方外浮屠雖爲君子所擯而琳宮梵宇相沿已久不忍遽湮而且萬國交通西教傳入慶雖爲梏末邑而天主耶穌亦設有教堂爲傳教導源地故與畸人奇蹟堪資考鑒並附於本

志雜事

分野志無謂可删

分野

周禮保章氏以星土辨九州之地所封之國各有分星太史氏因之以察時變考災祥是因天數地古有然矣舊志第自漢唐以來其傳已失况以今日之郡縣準諸古時之州國每每不合况且現在科學昌明今之測驗精密實勝於古茲惟搜集舊聞姑存之以備攷云爾新纂

宿牛斗 前漢地理志吳地斗分郡今之會稽郡一統志浙之處州入斗度

於辰在丑 隋書地理志於辰在丑吳越之分

次星紀 按天文斗次星紀禮書星紀越也

雜事志 分野

侯在熒惑占於鳥衡史記天官書吴越之疆候在熒惑占於鳥衡熒惑鳥衡皆南星也

按慶元乃揚州境又屬七閩地考隋地理所載揚州南斗十二度至須女七度爲星紀而閩地則分屬之牛宿今慶雖隸於浙不隸於閩然而東西接壤于福省爲最近于括州爲較遠按其星野應在斗二十四度入牛初度之分舊志

小序語意言名勝非言古蹟也

古蹟

溯豐水者思禹績，撫松柏者憶景山，雅擅一時名堪千古。慶邑環山重重，勝由天設，然桂亭翰墨傳自有元，濟水題樓首推清獻。俯仰千載，人有同心，興廢無常，感慨係之矣。

馬仙墓　在六都百丈山，距脫身巖六里，世傳馬仙塟母。輿記皆云墓有古松一株，倒垂如帚，隨風掃蕩，塚無些塵。清康熙間松為樵夫伐去，復生如前，伐松樵亦尋為雷所殛。

脫身巖　在百丈山，懸崖倚空，下視無際，馬仙修煉於此。松溪令聞其美，欲娶之，女約曰：若能砌石路自城達山相迎，便當從。令亦有神術，如期路竟。女遂白日飛昇，身於隔溪石崖下。令追躡之，遂亦飛化。今人

雜事志　古蹟

此井附於百丈山之下

石上女鞋并鞋履跡皆高寸許有鏤刻所能莫肖者

百丈十三井 百丈山巔其水清洌自山南半嶺一雷滾雪曲折流五六里瀉入龍湫遂靜恬無聲隨以次注十三井復狂奔而去雲氣蒸鬱隱隱有龍潛於其中

鏡臺裾水 在睨身巖對岸詳見山川

東溪赤巖三井 去縣東百里四圍壁立如甕流泉清洌每注一井俱作飛瀑珠噴而下最下一泓深不可測冷氣逼人莫能注視常有龍棲其中歲旱禱雨立應

百花巖 三都花卉繁盛黃公結廬其上二十餘年坐化於此至今石上有鈴刀痕跡詩見藝文

石印三井

西洋殿後三井 明嘉靖三年禱雨於此三日不雨人以石投井行不數武雨雹如注山木盡拔

神童井 相傳在神童坊下久湮沒清乾隆十三年居人搜瓦礫得之掘下十餘尺即得二石硯硯背有

銘乃陳尚書嘉猷所製也古質斑駁色光瑩潤甚可愛也因此疑為尚書舊地然不可考

黄仙宅在下管黄塢址存

劉狀元宅五都番塽門前衢址猶存

陳尚書宅在九都舊有神童坊今廢

胡侍郎宅在四都坑西雙股嶺下今廢

籍桂亭在縣治前舊有亭匾籍桂二字立石題進士名左右鑿池植荷花夾岸栽柳元至元十五年火

大德九年知縣于崇重建今廢

梓亭寨在九都為榮慶延簡司建今廢

鞠亭在縣治內久廢

手詔亭在縣治南今廢

放生池 在神力廟前

達觀亭 石龍潭龜石上清嘉慶間知縣程紹顯建

松源形勝亭 與達觀亭連今俱廢

平川陳父母碑 雲龍門外

此已移入金石志石刻故刪去

補天閣 城北龜石上明崇禎十五年知縣楊芝瑞建記見藝文

小蓬萊 補天閣下今俱廢詩見藝文

砥中閣 在坑壑𥔲中明崇禎十四年知縣楊芝瑞建清順治八年壞詩見藝文

頌春亭 在縣南久廢

日涉園 在一都下管雷湖陸子清獻講學於此園門有樓手書瞻岵二字

嵐岫永清石 在八都明嘉靖間知縣陳澤書

此已移入金石志摩崖故刪去

株

洗耳泉在勝隱庵

手掌樹二都蘇湖塘水口有古榅樹一株其形似掌

月山古松在濟川吳墉祖坟側高垂如蓋恰似松間明月

以上舊志

古蹟

刺史鳳竹宅 后田姚家門內刺史姓姚名文燭鳳竹其字也明萬曆年間刺史巴蜀多善政不次榮遷舊邑誌記名

副將新明宅 后田吳宅門內副將姓吳字作哲新明其名也清康熙年間副將西粵恂恂儒帥口不言功舊邑誌武職記名

飛鳳樹 后田馬侍郎廟衙臺上溪沿有古樹名烏桕其形如鳳躍躍欲飛有奮凌九霄之勢以上采訪

以上舊采訪

雜事 古蹟

雜事志

古蹟

魚凹　在一都魚川龍橋后溪中凹之沿有石鍋石竈石桶石爐等蹟緣邊附著凹之中常有魚躍村人每張網輒得魚以歸迄今有稅二畝

中流抵柱石　在一都舉水步蟾橋下上游形狀像蟾亦名蟾石石上字跡雄偉明李吳樵修鑴詳見封域志山川

松樹龍　在一都舉水文昌閣後有古松一株曲折盤旋繞似龍形約五里許樹有萬餘株

鴛鴦井　在一都舉水以北十里許轄楢岡四面皆石中有三角形水穴一所窺其中深莫能測相傳前有鴛鴦浴此故名見建置志市井

瀑布　在一都舉水雲泉寺後銀屏山腳

以上新采訪

雜事志

古蹟

鬼洞巖在二都爛泥鉄木山内洞寬有四五丈許相傳嘗有白日見鬼過午往往至此不敢前清初被一道者禳之始無此語柄故名

石龜巖在二都湖池水尾岩立溪中四面傳空縱過洪水泛濫而此石不没如龜游水面然又名浮石

雄雞巖在二都印槃之山頂有石屹立狀似雄雞聳峙山巔

石塔在二都印槃坑下交界處有巨石重疊天然而成高三丈餘遠望之似塔矗立故印槃聯合村命名石塔

螃蠏巖在二都印槃村岩壁數十丈光潔莫比左右有白石如眼中岩泉流如吐涎沫兩山環抱狀若雙鉗故名

税官洞在二都距坑下村二里許溪邊巨石聳立下有一洞水勢湍急漩激如輪凡木商運木至此者則必備酒醴香楮以祀之否則木被汆入洞內就阻滯不出是洞不壹税官見貨而抽税也故以是命名

養生池在二都坑下村內經年不旱可養魚蝦中有二石如卵昔謂村之形勢取真武坐堂池中二石即龜卵云

石鐘在二都距石塘村里許山形仆偃如鐘故名石鐘

石印在二都石鐘山麓有石如方印一在南陽村尾特立水面儼若一印故名

上水鯉魚在二都仙潭橋下一石橫橫起如上水鯉魚然

上洋湖在二都古有菴曰上洋湖相傳和尚得道于此擬造此菴前往鄣邑畫山摘大木届時木自湖中浮出匠告木料已足遂止現有一株插在湖中至今莫拔真不減飛來峯之景致也

謄入後頁

銀坑洞在二都梘頭馬仙宫右側徑六尺餘深無底驗其泥沙並無銀礦但稱之爲銀坑洞而已

龜背在二都閩浙之界山北爲浙慶轄山南爲閩壽轄有石如龜大可丈餘叠于小石之上風吹手捫均能動搖今多人共推之亦如故相傳古有仙人駐此最忌撤每届稻熟之候村民不准婦人到此不然遂大風吹颾五穀盡屢驗不爽至今懸爲厲禁

西坑尖在二都根竹山水口特出一尖純是巉岩岩上有水村人造一觀音廟於其上求嗣禱雨者輒應驗

猪母岩在二都南陽村水尾獨立灘上恍似猪母因以名焉

蟠龍三井在二都齋郎相傳有真龍扦成三井下井與景寧壇地是交界中井在猪母岱嶺嵩尾内井在根竹淤淤尾一在仁都黄水村井上有金鐘蓋形其水異常清漣縱遇大旱而水不涸凡到此禱雨無不應驗

以上新采訪

雜事志

古蹟

白巖在二都黄土洋村源頭異常潔白，用記古蹟。

仙人石在二都黄土洋毛袋林挺生一石，如仙人盤踞然。

疊石在二都合湖村劉公廟對面，兩石重疊，方圓四五丈許，凌空立於山頂，可爲一方保障。

金鵝抱卵巖在二都竹山王姓屋後，古傳岩下有小石如卵形，清光緒間因屋遭回祿，遂不見石卵，此亦奇事。

豬母石在二都南洋村水尾，獨立灘上，恍似豬母，因以名焉。

以上新采訪

古蹟

奮門瀑 二都黄崗层下峻高三十餘丈瀑自空際奮珠而落如渠白練

三級塔 二都印漳石塔嶺頭橫嵐高嶺三石壘成高約五六丈下臨瀑潤可望而不可即相傳仙人疊造以鎮白馬洞之妖

龜卵 二都竹坪山境龜背上二石相加一石橢圓高二丈大下大五六圍下一石珠圓畧小終古如一又以手搖之能如此動數寸以手推之亦如此動俗稱為龜卵又稱米磨岩奇在此石累卵下着岩皮不多永久不移亦古蹟也

龜石 二都楓樹坪門前

石磨 二都楓樹坪村大處門前

以上舊采訪

雜事志

古蹟

際燕坑寨　七都中村際燕坑山頂，相傳宋代魏國公趙贊鎮延州軍道至此，相審其地勢險阻，因建之。址存，寬闊十餘畝。由先輩士紳訪錄（舊采訪）

雜事志

古蹟

牛鼻巖在十都下濟挑淮路後巖高數丈中開兩孔如鼻然孔中有水迸流頻年不絕故人呼爲牛鼻巖

石鹿在十都中濟水口龍井頭其石橫卧中流盤踞水面若渴極思飲之鹿然殊堪觀玩也

石獅在十都中濟水口石大丈餘身負山麓有野藤蔓草叢生其上若毛毵毵醜肖獅狰昂首帖耳作搶球之勢故名石獅

以上新采訪

雜事志

古蹟

獅犳巖在十一都槐源水口兩山偪仄溪水中流有石高四丈許屹然獨立狀如獅犳飲水故稱獅犳巖

石韡在十一都丁源水口道旁兩石並立高尺許中間距離數尺可通人馬石色青蒼其形如韡相傳為黄石公遺履故云

金畚斗在十一都槐源村外水之中央純是青石生成其色光滑形肖畚斗順水潮來後頭岩高一級溪水受激倒入其中外窄內濶口高腹低口下一深潭似從外收貯籮狀旱時尤顯見故村中常出巨富古云金生麗水是說殆不為無因也

鳳雲山在十一都上源東首與茂雲山對照含情凝睇遠矚之一如美人作顧盼狀山腰有泉窟圓徑

二尺許深約三、水之清澄莫比夏日飲之涼入心脾冬則氣暖味甘雖久旱不涸里人建麻姑仙殿于山之最高頂禱雨求醫靈驗異常以上新采訪

蟠龍三井在二都齊郎相傳有真龍扦成三井下井與景寧壇地尾交界中井在猪母岱嶺崗尾內井在根竹淤淤尾一在二都黄水村井上有金鐘蓋形其水異常清漣縱遇大旱而水不涸凡到此禱雨無不應驗

全抄

古蹟

铁
鐵鼎

	直徑	橫徑
隆	0.0七0公尺。	0.0六0公尺。
慶	0.0六八公尺。	0.0七0公尺。
庚	0.0七四公尺。	0.0五八公尺。
午	0.0五0公尺。	0.0六0公尺。
冬	0.0六四公尺。	0.0七四公尺。
知	0.0五四公尺。	0.0六四公尺。
縣	0.0六四公尺。	0.0六六公尺

雜事志 古蹟

朱　○·○六六公尺　○·○五四公尺

芾　○·○八○公尺　○·○六○公尺

製　○·○八○公尺　○·○五六公尺

右鼎在聖廟正殿高○·八二○公尺圍徑一·○九○公尺

底○·四○○公尺足○·四二○公尺邊鑄隆慶庚午冬

知縣朱芾製十字字瘦勁蒼古年代久遠頗鏽駁

落所鑄十字尚淨摩可認惟足已缺一祇餘其四

按朱芾廣西黔江人明隆慶三年任有傳庚午爲

隆慶四年也新采訪

一匾殊無謂 衍刪

古蹟

石龍寺匾

	直徑	橫徑
千	一·八二〇公尺	一·四〇〇公尺
年	一·六八〇公尺	一·三三〇公尺
古	一·六七〇公尺	一·三三〇公尺
寺	一·六九〇公尺	一·三四〇公尺

右匾懸於寺內正殿旁署光緒十四年歲次戊子仲秋穀旦知處州府事鬱平陳璠敬書等字首行十三字末行十一字徑縱橫〇·一二〇公尺(頭)許字均

正書莊重不能具王鍾風範新采訪

藏書樓匾

	直徑	横徑
藏	〇·九六〇公尺	〇·八六〇公尺
書	〇·九八〇公尺	〇·八〇〇公尺
樓	〇·九〇〇公尺	〇·九五〇公尺

右匾在東門外圖書館懸於樓之窗外旁署戊午五月清道人等字均正書（仿）漢魏體裁有鶴舞鴻飛之妙按戊午係民國七年清道人即李瑞清之别號江西臨川縣人新采訪

古蹟

聽松草堂匾

聽松草堂

右匾在北門外公園正廳門首即石龍寺後字正書旁署壬戌孟冬吳興沈金鑑等字首行四字末行五字書法堅實老成殊堪欽仰案壬戌係民國十一年新采訪

祥異

邑志災異猶史書五行和氣致祥乖氣致異天人相應之機有較然不可誣者人能恐懼修省以回天變則大為國徵小為家兆悉可轉禍為福悔無咎矣

明

永樂十四年秋七月大水

成化三年夏六月地震　秋八月大雨雹

嘉靖九年夏六月大霜殺禾

三十年辛亥白馬精見舊志三十年丙辰今從世界大事表改正

精光自政和來氣如硫黃中者卽皆仆婦人尤甚闔
邑驚惶達旦後迎五顯神驅之的日乃滅
萬歷二年甲戌地大震官舍民居傾頹
三年乙亥大饑
是歲五月民間絕粒野多餓死知縣沈維龍發倉
賑之民困始甦
冬十月八都雄雞變雌
十六年戊子夏四月朔大水
衝壞北城七十三丈民居漂沒人多溺死
清

順治五年戊子九月天晝晦不辨行人

冬十二月群虎食人

六年己丑大饑

十二年乙未大饑

民多餓死知縣石鞏垣先賑粥五日邑中樂施者

輪日煮粥於塔院

十七年庚子夏五月颶風發北壇樹木盡拔

十八年辛丑夏五月大水

冬十一月虎食人署縣事同知田嘉脩禳之去

康熙五年丙午秋九月地震

九年庚戌羣虎食人知縣程維伊禱於城隍廟虎遂
遁跡
十年辛亥夏五月大旱青虫食苗知縣程維伊詳請蠲
免事見蠲卹
二十五年丙寅夏四月朔大水
衝塌西城數十丈
三十四年乙亥冬地震
三十六年丁丑饑
四十八年己丑夏五月大水
五十九年庚子夏五月大水

雍正二年甲辰夏五月大水

十年壬子夏六月禾生黑蠅

乾隆元年丙辰秋七月大水

三年戊午秋七月大旱青虫食苗

七年壬戌虎食人知縣鄒儒命射户捕殺患始息

十三年戊辰夏四月大水

十八年癸酉大饑

十九年甲戌夏四月地震

二十一年丙子夏四月大水

二十五年庚辰夏五月大水

二十六年辛巳冬十一月羣虎食人署典史陳子佳
募强弩射之獲虎三
二十九年甲申春二月大氷雹
三十二年丁亥夏五月大水西隅民屋沉溺
三十五年庚寅春正月丁酉彗星見戊戌大
延燒治前數十餘家狀元尚書兩坊並燬
三月大水
三十八年癸巳夏五月大水白馬山崩
三十九年甲午冬雄雞自斷其尾
四十五年庚子春三月大水　冬十一月大水

四十八年癸卯秋七月戊戌彗星見庚子火

延燒治前百餘家

四十九年甲辰大饑

夏五月大水西隅民屋沉溺

五十三年戊申夏四月大水

金溪水從西城衝入轉北城衝出壞西城七十餘

丈北城二十丈淹塌西北隅民居溺死者數人

六十年乙卯夏四月蓋竹山崩

坍没普化寺於隔溪山下死者四人

嘉慶四年己未羣虎食人 舊志嘉慶四年庚申今從世界大事表改正

六年辛酉羣虎復食人　夏六月青虫食苗

十二年丁卯夏六月大冰雹　冬十月天鼓鳴

十三年戊辰夏五月大水　秋七月復大水城内

西北水深丈餘　九月地震

十四年己巳大饑

十九年甲戌冬十一　星見

二十二年丁丑饑

二十四年己卯虎入城

道光元年辛巳羣虎食人

二年壬午羣虎復聚知縣樂韶蹟告城隍虎跡遂遁

十三年癸巳大饑發廩賑給　秋蟲食苗

十四年甲午大饑發廩賑給死者甚衆

十五年乙未夏大旱

十八年戊戌夏大旱

廿四年甲辰夏大水

廿八年戊申夏大水

咸豐二年壬子夏大水

三年癸丑秋大旱歲荒

十年庚申夏大旱

十一年辛酉四月大水　秋七月大水

同治元年壬戌七月大水。

六年丁卯二月大雨雹傷麥　虎入城。

七年戊辰五月大水。　秋旱歲荒。

八年己巳十二月大雪。

十三年甲戌三月大水。　地震

光緒元年乙亥正月大雨雹。

二年丙子五月大水漂没田廬

秋青虫食苗歲饑。　東南鄉竹生米。

以上舊志

光緒四年戊寅五月大水

全抄

五年乙卯七月虎入城傷家畜

七年辛巳春三月大冰雹　十二月大雪冰

九年癸未五月大水　七月復大水

十一年乙酉六月青虫食苗

十四年戊子六月大旱七至月十五日禱求於東溪龍

井始獲甘霖

十五年乙丑端陽節大水歲飢

田廬漂没山崩數處十二都葛田山麓居者溺一

家家五口

十六年五月大水七月大旱

應古卜祥六

此種詞句可以執云
不通不通
又不通

十九年春虎攫人人抱虎因而斃虎
三都坳坵人入山採樵虎奔至仰面仆虎攫其目
鼻其人從前足後抱其頸首適閉其喉兩兩足又
纏其腹虎累墜不能脫跳躍兩小時垂斃人亦氣
絕而手足緊抱如故會獵者入山因斃虎而救其
人目斜而鼻缺談之輒色變云
又夏蝗食苗歲飢五月朔颶風風發拔去樹木
二十一年乙未蝗硫磺治之盡死大有年
是歲飛蝗遍野荒象已成會獵者購硫磺合火藥
煤傾入肥料以耘田蝗立死聞者爭效之蝗遂絕

而田倍收蓋硫磺性烈能殺虫並能鬆土脉也慶民購磺肥田自此始

二十二年六月大水

二十四年夏六月旱蟲食根苗田多蕪歲大飢

二十五年乙亥六月朔大水冲沒田廬歲大飢米價昂貴且四鄰閉糴二都人來城求糴者日以以千計知縣何文爗慰遣之並咨鄰邑濟糴請頒賑焉

二十六年庚子夏六月朔大水冲入城隍廟兩旁神像悉被推落北區民屋沉塌甚多

二十七年五月初五鸞峯山發蛟三日前山上居民聞有物鳴其音（聲）暗暗似有似無是日風雨暴作水從山湧樹木多爲之劃拔北鄉橋路衝流無算下濟村民瞥見浪高數丈潑過福壽橋面木石轟滾而來至此忽沉水底穿過橋下斯橋仍無恙洪水稍平橋上神像面有汗珠一團道氣隱隱未消橋之鞏固賴神力也

同（日）臺湖山發蛟浩浩蕩蕩杳無津涯田廬多被漂沒南（源有）山舖全家僅得一孫在外探親山麓有巖源殿着在水之涘雖經馮夷肆虐木石衝突斯殿仍

北鄉橋跌衝流無算水勢洶湧至中濟尤甚村民急將

雲衢橋内神像移至橋頭頃刻間脚完全橋梁忽被波

臣解去浮至龍井始破浪高數丈潑過下濟福壽橋面〻

無恙亦一奇事也

二十九年青虫食苗歲荒

三十年甲辰夏赤痢六月十九等日洪水滔天非常浩瀚凡孔聖文昌城隍先農武廟悉遭摧毀民屋田廬漂沒無算溺水死者數十人時后田紳士吳律聲吳溶等稟准處州府劉瀚捐俸銀五百元並轉請藩憲賑恤洋壹千金經知縣湯贊清按被災之重輕須給各災户所有調查各災户及至各村分散賑款夫馬費用概由湯令捐廉支給

三十一年六月大水崇聖祠漂沒

三十二年三月十四日未刻天降奇災冰雹累累大者如盤寺廟居屋瓦片多被打毀雹由西來南去其在西南方之屋宇被摧尤甚

三十四年戊申秋大旱

宣統元年己酉夏赤痢大旱青虫食苗

二年庚戌夏七月大雹秋彗星見西北

三年辛亥五月大水

民國元年壬子六月大水田舍被沒北關外路圮民政科長兼攝知事吳逢祥躬親履勘備文呈請賑恤款下知事毛雲鵠以工代賑修復北關外大路

全抄

又是月青虫食苗七月十一二大風連日禾多遭
仆是歲大荒本地有錢無糴住民向松境販運每
大洋壹元得米九觔
又七月十六日大水二都留香村山崩水湧淹没
民屋及婦女家畜者不少
二年癸丑春大冰雹四月大水是年米價如珠每洋
祇有正官秤十二斤之譜民難聊生其苦稱最
三年三月二十四日大雨雹
四年乙卯正月十四日地震五月大水　七月又大
水　隆中周高福家養一雌鴨忽變爲雄

雜事志

五年丙辰城治火兩次譙樓復
譙樓之設報更外鳴點以示救火前清末葉官造如
傳舍譙樓不復鳴更首費也至是知事張國威以
譙樓不示警延燒必多購置鐘鼓大器外籌款以復
譙樓焉
是年二月十四日虎至近城里許食牛
六年三月一日卯時初三刻地大震
是年十二月初六日五都白砍村猛虎入屋嚼猪
經吴思儉奮勇活擒時羣觀如堵僉皆歎異
七年二月十三日下午二時地震冬兩十二月大凍

冰

是年五穀十有禾九穗

八年正月朔瑞雪三日平地深數尺以上舊采訪

九年庚午夏五月大水

十年辛酉四月崔家田有一少年沈某者好捕魚舉網於大澤瞥見一羣惡獸約六七頭似犬非犬頭白頰高劈面衝來鋭不可當幸多人截救沈某被咬一指尚未傷命

同年秋七月大旱歲饑知事袁際鳳召邑紳會議派員赴甌購米一面開常平倉辦公糶

十一年壬戌夏五月間二都左溪砌築金石橋祭河時忽有猴子八隻盤桓橋頭山巔祭畢始去若表慶祝之忱六月大水

十二年癸亥夏六月二十六日及二十九日兩次大水衝壞聖廟城隍廟石龍寺養濟院田廬橋路多被漂沒

十三年甲子秋八月大水青虫食苗歲饑開倉辦公糶

十四年乙丑夏四月五都全村雄雞化雌

是歲大饑粮米每元市龍毫子七斤六月間市面絕

移入災異

移入災異

糴乞食載道知事張立德循案開常平倉設公糶
局民食始有接濟
同年四月閩匪入境丁源上源等地被掠者多
十四年十五兩年時有狼到底墅地方搏食孩子爲
害甚烈甚至十餘齡兒童間有被其攫去
十五年冬十月閩督軍周蔭人竄入浙江後有閩匪
乘勢而入北鄉一帶多被蹧蹋
是歲饑饉交至米價昂貴甚至有錢莫糴蕨薇蘇
葉採食殆盡
同年大荒向外縣購米每元七觔

是年春五都金村吳壽恩家雌雞化雄

十六年閩匪擾境匪首季天美藍耀揮林永昌聯絡五股匪勢猖獗東擄西搶北區受其禍者先後計三十餘起焚屋勒捐及殺戮極亘古所未聞之慘

十八年己巳大荒市米每元六斛

同年秋隆中村發生鼠疫死三十餘人其病症似瘰癧狀歷一晝夜即亡甚屬危險嗣奉省派衛生專員沙古山及實習生周堯道縣衛生專員吳達年到村挨户注射藥水始獲平安但染鼠疫之初即投以清涼解毒之劑並專食薯類當可回春如余

龍妹之女周新銓之母均經張天醫士何英達救甦，亦其一証。姑志之，以待後之業醫者資爲參考焉。

十九年二月十五日雹大如卵，官塘民屋瓦被損。

二十年春二月二十七日夜，上源中村各地居民演劇，鬪匪乘勢而入，被擄者三十餘人。

又同月彗星見。三月二十六日官塘民屋遭匪（焚）六座。

是年六月大風，樹木多爲之摧折，嶺頭民屋瓦片如蝴蝶飛去。

雜事志 祥異

以上新采訪

二十一年夏六月八日夜分有虎入城由石龍山至東門轉出西門攫去家豕黄牛各壹隻（一隻次夜北門外亦被攫去一犢咬斃牸牛一）

是年同月十七八兩日山水暴發附城一帶地方所有橋梁概被衝流田畝坍塌不知其數三都家有數口連屋漂溺無存橋梁被衝流者計有後田之集義橋廣益橋大濟之甫田橋城西之太平橋下莊橋竹坑橋城北之詠歸橋程公橋八都之通濟橋

仙釋

仙釋道空老君術幻其爲虛無寂滅一也惟是流傳已久事非無稽概以斥之恐滋駭俗姑存之以備覽

五季

馬氏三女仙五季時華亭人也唐肅宗至德中父樵母盧氏男一女三避亂盧氏有弟從焉次溫州父死於羅洋郎葬於其山服闋過青田縣十三部七里渡次女墮河水迅莫能救去之尼庵駐足久母夢次女曰母居此修出世法無庸也詰有山曰

百丈盡往結茆鍊性但患饞志不堅耳母覺念次女已死夢語可信遂同二女問道至百丈山多奇勝歎異之遂誅茅結室爲修煉地居無幾忽次女從空下母驚愕曰若墮河死矣何復活至此女曰兒溺水至七里口援楊枝抵岸得活覓食鸕鷀村有盧翁慰兒曰若尚少無患失母姊甚留我家俟年長爲吾兒婦得所矣兒勤紡績敬事而已庚申歲饑出趂紡睛回途遇老翁授兒丸藥服之覺身輕反渡翁以雨蓋置水上爲航載兒會有貨花葉姓者詫爲異呼曰翁渡我不忘恩德遂同載

亦得傳仙術次年七夕兒於屋後牛頭嶺白日冲舉母聞之喜甚女以丹實茗甌奉母母未飲俄有雀遺矢中之女歎曰母無成道緣矣會歲旱三女囑舅下山參邑令預刻日時能致滂沱雨邑令詣山謝之及母死葬於山之西澗四面水繞花松倒垂如幕帶有松溪邑令入山見三女色欲强娶之女紿曰汝能一晝夜從縣砌路達此山卽從汝令趲工砌之女見其路成遂白日飛昇去今巖上有剪刀鏡臺履跡石痕舊志

應入叢記

雜事志　丑季　仙釋

福神盧大相公五季時人相傳為馬夫人之舅同時得道飛昇大濟村衆立廟以祀之舊有迎仙簿記其事跡甚詳明正統十四年燬於賊邑人吳潭清介博雅當北闈鄉薦之年神前示夢於其父曰為汝子遠遊京師後果報捷清康熙十三年甲寅閩變平陽營卒過大濟焚掠火方燃空中有乘白馬而救止之神又善醫嘉慶乙亥至閩之政和縣拔貢秦鑑家起痼疾厚贈不受曰區於慶之濟川盧家足矣及至竹無其人惟祠在盧迹其

廟而察其像與醫時相見之貌無異懸氣尋洪鈞下

拜謝而去里人因製藥籤百病者求之甚效舊采訪

吴土主名十七郎五代時仕爲周

人識一

吴傑

叢記內並無吳志詳續此四字之

幻術從居松溪遂應塲沉没鄉人立祠[illegible]名應

元至正間有賊犯境鄉人禱神兆吉率衆拒之賊

見兩山兵幟甚衆披靡大敗斬獲甚衆今遂應塲

吴姓即其後也（詳見叢記）

宋 照旧志

黃十公下管黃坳人宋時樵於仙桃山見二叟對奕

取其餘桃啖之不知饑渴叟語曰此後毋食烟火

物及歸已春秋三度矣始知所遇者仙也憾未及

叩還丹訣復往奕處但鳥啼花落而已呼之輒應

聲在百花巖上遂窮其巔結廬居焉幾二十餘年

一日見馬仙面壁而坐公跪竟日仙鑒其誠授以
罡訣後坐化石上至今石上有鈴刀痕跡歲禱旱
之輒應

梵公二都人宋時充縣隸因令尚酷刑公以慈貯血
私鑿杖上救活甚眾一日令見公步離地尺餘問
其故乃以實對大異之遂至松溪白鶴山修煉功
成頭冠石臼回至三都烏峰山飛昇去至今鄉人
禱應如響

明

葉有賜西陽人精巫咸術日西關袁橋下日鬼洞白

日爲崇鄉人每逢薄暮不敢行腸以清血之崇遂

滅遠近病者踵門求符立見神效尸解

翁正五翁山村人學閭山術邑有病魔者索符驅之輒愈初村多瓦雀稻初熟雀爭響食之甚狼籍村農患之謀諸翁翁曰吾當令之去已而果然今其村獨無瓦雀相傳爲正五所驅云

清

達一字廣貫温郡人初掛錫於萬壽庵能修道行出鉢以整庵宇後持慈照改造正殿築墻垣乾隆二十五年庚辰倡建角門橋貲以千計貫舉所入租石除修齋外盡輸爲工匠口食如是者數年一日

沐浴整衣端坐而化邑人肖其像於橋左

元璧俗姓翁無考温州人善詩文捨家披剃來葛田梵安古剎村人難之曰此寺之荒廢久矣師將何為處答曰吾豈圖便常住持者耶遂以原址重為募建未幾而寺復興門下披度者甚眾

以上舊志

寺觀庵堂 宮殿附

同爲釋老所棲，而洞天福地名號不一。如衲子招提、羽士丹室，咸多勝概，海市蜃樓並資嘯詠，因名考實，似不可廢。

諸寺

石龍寺 石龍山下，唐乾符間邑人吳馬劉捨址建。宋寶祐元年，邑人吳濟造經藏一輪，今廢。明天順元年，有火者盜銅板投寺造鈔，發覺即自盡，求之弗得，因罪及。有詔抄沒，使者一夜夢神人指以火者屍處，及獲免，改名神力。嘉靖三十七年，邑人吳安慶募修，易名塔院，教諭吳瑞有記。清順治十七年重修，乾隆三十四年僧普靜募修，詩見藝文。咸豐四年吳永清重修。舊志。光緒十四年，知縣申祐率董吳廷忠、吳有典、吳肇興等募款重修。民國六年，該寺田租除齋工口食外，歲修留洋拾元外，餘租悉數撥充城區第二國民學校經費十一年知事程文楷創辦公園將第二進大士堂改為縣議會議場第三進呂祖堂改為聽松草松草堂額為省長沈金鑑手筆新采訪

天銘寺 又名大銘寺縣東象山下建自蕭梁元至元間僧至善重建明嘉靖間重建詩見藝文今廢

普化寺 二都蓋竹宋天聖二年建清順治十年重建詩見藝文乾隆六十年被水坍沒廢已日久光緒七年王汝德倡始復建

南山寺 二都蛤湖

迴龍寺 二都宮塘檀越吳學歡吳道漢胡道成等所捨清光道七年重建光緒二十年吳學芬倡修

廣福寺 五都金村唐乾符元年建明嘉靖十八年洪水漂沒僧元保於橫碌搆小剎居之

遯

慈照寺五都魏溪唐乾符二年僧覺正募建明正德二年僧惠袍重修清乾隆二十九年甲申僧廣灝重修詩見藝文舊民國四年里人庠生吳權新葉煥封監生周洋芹增生吳汝棫等倡捐重新建造新采訪下堂久毀六年重建舊采訪

薦福寺六都宋乾德二年建今廢

莊嚴寺六都蔡遯唐中和二年建宋大觀三年僧子端造經藏一輪今廢明宣德九年建法堂景泰五年僧惠袍建鐘樓詩見藝文清道光十一年僧悟本重修

真乘寺六都山根宋淳化二年夏聰建明宏治十一年僧順輔重修清乾隆年間僧普靜復建西樓光緒元年董理監生夏煥椿重修

慈相寺七都中村唐乾符三年建明正統十年僧宗成重修光緒四年僧修一重修

淨悟寺七都隆宮唐乾興元年建明萬曆元年僧德詵重修詩見藝文

安禪寺八都唐光啟元年建明嘉靖僧福昕修宋湝熙年燬里人楊照臨復建捨租七百把為香

燈之需

法會寺八都掬水唐太和二年建明嘉青二十三年僧福昕募修清嘉慶二年燬三十年縣魏燮龍倡捐改建橫溪水尾舊志内建文昌閣道光二十三年復燬咸豐六年僅造文昌閣光緒三十一年村人楊懋時楊懋園捐貲重建於文昌閣之左民國二年改為北區自治公所十九年捐貲重為第五區區公所新采訪

淨心寺九都潘衕唐乾符三年建明隆慶五年大萬歷元年僧安常募建詩見藝文

多福寺九都宋咸平十年建今廢

大覺寺十都鷲峯下宋咸平七年僧定吉建明天順二年僧成銓修詩見藝文

化成寺十一都下塋宋太平興國二年楊俊捨址僧智喜建明天順五年僧方渠修清道十年僧月明復修

勝因寺 十都上滁宋咸平三年建邑人吴怡捨田壹百三十畝吴溥捨田四十畝以作寺内香燈追薦因年久寺傾清嘉慶十八年裔孫公選一桂等重修道光九年僧志高復建外堂及兩廊大門

覺林寺 十二都臺湖山宋太平興國元年里人李尚初建併捨粮田山塲入寺以作香燈之需明成化二年李永福同僧廣受重修清康熙年年間燬雍正五年李昌發李應星等復修

天真寺 十二都柏渡關宋咸平七年建

梵安寺 十二都葛田宋咸平四年建後廢清乾隆年間僧元璧重建詩見藝文

廣教寺 十二都宋咸平間建今廢

以上舊志

永興寺 二都官塘箬澳嶺邊清乾隆五十八年五月建新采訪

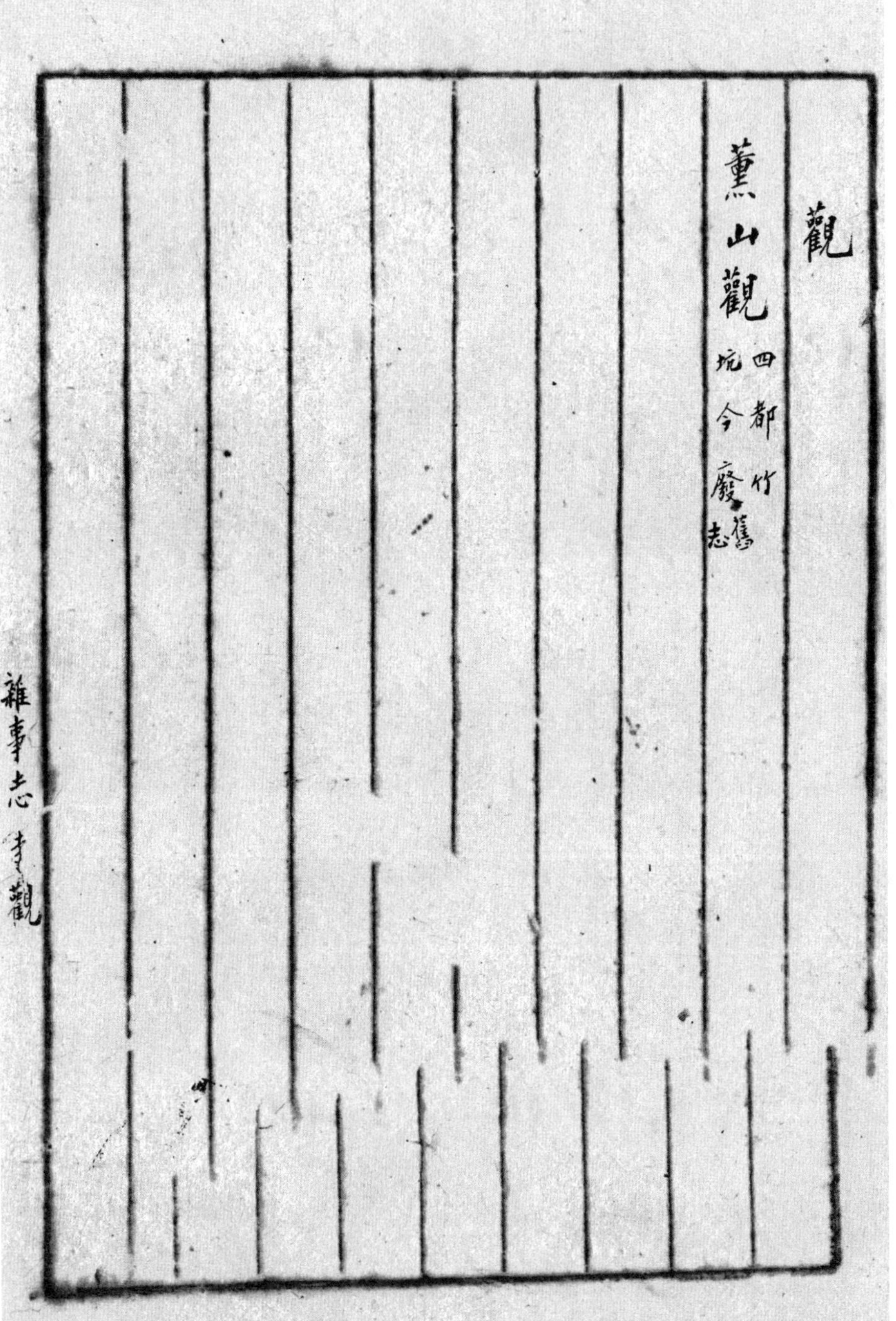

觀

薰山觀 四都竹坑，今廢。舊志

諸庵

萬壽庵 豐山門外明崇禎五年邑人葉銘等捨基倡建並捨田租壹百把入庵又吳攀桂等捨田租壹百把以為香燈之需清康熙十九年重修年久傾欹道光七年貢生余塏等呈請前令黃煥准將庵租公貯復修佛像一新詩見藝文舊志民國五年一月十八夜遭回祿其庵租經知事張國威提出壹百叁拾把撥充城區第三國民學校作為常費庵址八年由知事江宗濂改闢為模範良圃新采訪

東洋庵 二都東岱明成化九年癸巳吳遜十建

楓林庵 東隅明崇禎十六年僧寶華募建詩見藝文

準提庵 東隅桐山清同治四年知縣李肇勳建今廢詩見藝文

萬松庵 縣南三里清康熙二年邑人余世球倡募建詩見藝文嘉慶二十五年余世球派下

四世孫合建下廳三楹並建大門

東振庵　一都石記代山村清康熙四十五年周姓衆建舊志民國八年周世瑞等捐修訪新采

雲泉庵　一都上管明崇禎五年建左有大士閣右有華光殿詩見藝文舊志門額曰雲泉寺清康熙三十五年處州知府奉天劉起龍題訪新采

司理庵　上管

南峯庵　一都上管東溪内懸大一公行祠匾建年月失考民國六年吴登品吴星照等捐修

勝隱庵　下管迴龍山年久傾圮清嘉慶三年葉發良建詩見藝文開墾田畝赴縣呈明免買官穀

道者庵　二都

静室庵　二都周墩一在九都新窑

龍會庵　二都横坑清康熙三十二年建與爛泥山堆雨村同造民國六年里人吴克扳吴克鼎等

舊修 新采訪

東陽庵 二都

源隆庵 二都清順治十七年邑人王京維僧東榮建詩見藝文

慶雲庵 二都底墅有記見新采訪藝文

復興庵 二都賢良明嘉靖間建清康熙四年復建道光十年庚寅葉姓復修

雨花庵 二都明崇禎間葉一舉建詩見藝文今廢

福興庵 二都黃沙清康熙十四年建一在西川康熙三十年建乾隆十三年張從秀啟瓊募修舊志民國十九年張耀東等募款重修庵門有牡丹芍藥各一株相傳爲清初所植新采訪

清風庵 二都萬里林頃今廢

東華庵 二都南洋元延祐間建清康熙三十七年戊寅重修

西峯庵 二都新村清道 道光四年重修

碧泉庵 二都竹坪留香雨村合建舊稱碧泉祠初係祠廟改修故稱爲祠內供佛像規模宏敞民國二十年三月十一日因盜匪時有盤踞其中遂被區保衛團焚燒僅留環堵而已新采訪

烏石庵 三都

百花庵 三都祀黄十公歲旱祈雨立應山多花木奇巖峭壁相傳有神仙往來詩見藝文

伏虎庵 三都伏虎山下元至元間建清康熙七、僧法如重修後廢乾隆間僧心燈重建庵前怪石古木秀色可餐又名雙溪庵詩見藝文

清隱庵 四都宋祥符間建清順治八年僧寂慧重建詩見藝文

龍濟庵 四都詩見藝文

天堂庵 五都明崇禎七年僧成道建詩見藝文清嘉慶十四年燬道光四年里人張振芳重建並

裝塑佛像併將庵內原管土名瓦窑岡田租捌拾貳把又曲壜租捌把仍歸入庵以作香燈完粮之需

百丈庵 六都百丈山馬仙飛昇處清順治十年火僧體明重建續因僧人不法帶據逃走粮稅無完庵產蕩廢乾隆二十年邑人吳文浩吳宗聖季建忠張德配葉上蓁黃廷樹吳光玉楊芝臻等控歸入庵重新修理知縣羅岳瑾斷令此庵界連三邑不用僧住惟招誠實廟祝看守庶省滋弊以免敗壞浩等遵招張勝萬住持乾隆五十八年勝萬將庵餘息復行重修並增建觀音堂嘉慶十九年邑令譚正坤又諭吳文浩等後裔吳元楙吳邁辛季士謨張秀挺等經理仍招妥人住持庵外新造竈房觀音堂側增建羅公祠道光三年廟祝毛元起砌甃平坑屋後嶺百有餘丈至今庵內香火尤盛現招董韶學住持管守其庵田坐稅六十畝零山坐稅九十九畝零六釐一山坐監墟土名山岙林一山坐落菖蒲洋一山坐落落花洋一山坐落半嶺土名牛塘坑一山坐落平坑土名十三井一

淮之志庵堂

山生落奶圳土名嶺坳一山生落小關村水尾土名桃壇

普濟庵百丈山半嶺又名平坑后廢奄租盡撥入百丈庵詩見藝文在角門嶺橋頭

山岡庵三都清順治五年僧勝白慧猛募建詩見藝文道光十年僧勇年重修并建樓房

烏峯庵即三岡庵奉暨公佛疾病歲旱禱之甚驗清同治十二年經壇越后裔吴承益吴承謙等倡修重建上下三堂并火間

福慶庵八都樣溪西山下清康熙四十一年建嘉慶二年知縣魏夔龍倡修

慈容庵竹口蓬塘洲明崇禎七年甲戌僧海崇創建詩見藝文道光六年僧德緣積資建外堂又置買庵左土名官路后山塲一處

海會庵竹口水尾明崇禎間建詩見藝文

青峯庵九都青峯山絕頂明天啟元年重建清順治十八年僧正華修詩見藝文一在二都岩

坑

亭湖庵　九都黃壇神農廟右詩見藝文本里介賓季上璧獨建大門

龍興庵　二都姚村舊名福善堂明崇禎十三年建

盤石庵　十一都詩見藝文

董庵　十一都槐源

樂善庵　南陽清同治九年范邦潔范尚文等重建

般若庵　十一都

鏡月庵　楊家莊明建久燬清道光二十年復建

慶松庵　二都荷地村尾

寶吉庵　二都高漈崇坑柳梘頭陳左溪胡黃垅盪陳四姓衆建

會仙庵 十都中濟白馬山久廢清同治十一年僧義空遇方重建

薰山庵 五都薰山民國十五年劉育彬等倡修

慶壽庵 一都陳鑑坑清光緒五年修造一在上都官局橋後僧修益倡建

寶蓮庵 二都蘇湖塘

寶林庵 二都蘇湖塘清康熙間胡仁学捐建

慈惠庵 二都嶺頭清同治十三年建現設初級小學附設中村委員會

官局庵 二都嶺頭

西岐庵 二都新村水尾

慶壽庵 上都官局橋後僧修益倡造

燕巖庵 上都八爐屋後岡胡上隆倡造

以上舊志

禪林庵

以上新采訪

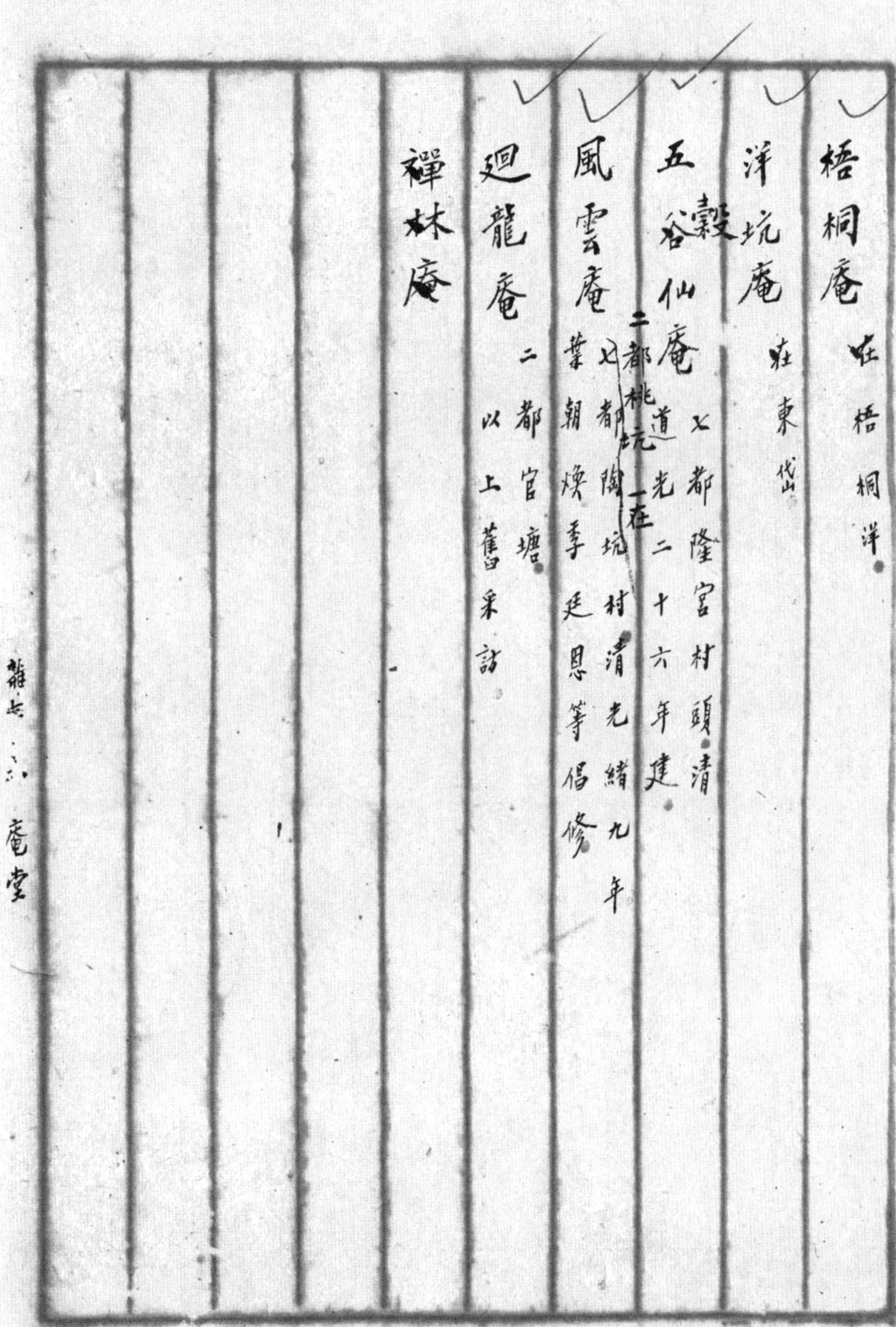

梧桐庵 在梧桐洋

洋坑庵 在東岱山

五穀仙庵 七都隆宫村頭清道光二十六年建 二都桃坑一在

風雲庵 七都陶坑村清光緒九年葉朝煥李廷恩等倡修

迴龍庵 二都官塘 以上舊采訪

禪林庵

雜志 六 庵堂

一在縣北箭門嶺程公橋左乾隆二十七年慈照寺僧達一募建

諸堂

無疆堂 縣治東隅創建事實并田段詳註馬夫人廟禮祀門

觀音堂 一在上都魚川村 一在二都五大保清康熙二十五年葉元興等倡建乾隆五十一年葉發良重修道光元年葉福海倡修加建火廟一楹 一在三都翁山村 一在西坑嘉慶二十一年里人捐建監生吳其珍妻王氏葉氏捨入水租五十把 一在楊家樓道光四年建 一在七都安溪村 一在派石坑尾乾隆四十五年周宗紳等募建 一在裊橋頭 一在棘蘭隘 一在阜[illegible]橋頭 皆置田產以為往來茶火之需 一在豆腐坑同治四年吳廷煥妻范氏獨建并捨入田土租名蔫坑尖頭等段計平租二十九把坐税一畝六分五釐永為香燈之需

雲鶴堂 縣南來龍山舊嘉堂又名本祐二年乙卯邑人姚濟八建明天啟二年僧普珖重修崇禎十四年僧統啟增外堂及西樓清康熙五年僧永淑重修雍正五年姚淑戀捐入右

側堂基一值並捐六都淤上等村田租貳百餘把正姚志魁捐入三都五錠塘根小安等村田畝共計壹百三十五把正永為香燈之需正殿左供文一神牌右供奉文二神卑遞年中元從齋文祭

緣波堂 二都青草清乾隆四十二年吳世吉仝子兆瑞建復捐租壹百把為茶火之需

甘霖堂 二都梧桐嶺清乾隆四十七年吳兆桂子星海倡建復捐租五拾把為茶火需詩見藝文

善信堂 上管東山后

福慶堂 七都呂源胡

惠福堂 十都中淤清同治十一年僧遇方重修民國二年改造中濟國民學校

福善堂 二都根岡青田村水尾係青田與根岡頭垻頭兩村同建新采訪

六如堂 東隅明正統元年葉德一建萬歷二年冬葉荷重修詩見藝文

石獅堂 上管詩見藝文

火帝堂　七都後洋坑鳳岩山上

福興堂　下管元至正元年潘元鼎建內供諸佛外祀上神盧相公清康熙十一年闔村重建乾隆六十年增建詩見藝文嘉慶十八年兩堂回祿二十年本里吳恒魁吳建謨陳坤吳克耀八班重建

白蓮堂　下管小濟吳龍鳳三年寶元至正十七年本里有女名白蓮捐建因名又名報資詩見藝文今廢

福善堂　下管吳龍鳳十一年寶元至正二十五年里人吳順鄉建明崇禎年間吳廷殷修詩見藝文

淨信堂　二都周墩詩見藝文

樂善堂　二都南洋清心間建道光元年重修

善慶堂　四都明崇禎年間江文浦建左為馬仙宮右為江氏祠

正信堂 八都槎溪村清康熙二十年建村人楊英獨緣造内豎楊氏宗祠英之後裔尚志尚景尚輕承諾承濳承明等仰承先志置田壹百二十五把為祠堂修整香燈之需至乾隆二十二楊一[illegible]獻等改建楊祠於槎溪之北恐該堂修整無資將田租抽出二十把為楊祠烝嘗餘仍留為該堂常費不得移作他用嘉慶四年重修咸豐三年燬四年村人楊公贊公佩全友全初等捐貲重建田段列後一段坐落鐘石淤十二把一段坐落白馬〃下八十八把一段坐落下淤馬車前二十五把計租壹百二十五把又本堂後荒基開墾成田作租二十把

福現堂 十都

正信堂 十都

報恩堂 十都中濟村對面清宣統年間回祿僅環堵耳

善應堂 十一都

古佛堂 十一都槐源村

勝明堂 十一都

正應堂 十二都

崇聖堂 十二都西邊村清乾隆年間建 道光住持僧徧照捐貲重修

集善堂 十二都河源村 以上舊白志

大帝堂 一都後洋坑鳳巖山上

大士堂 二都五大保村清宣統三年七月村人捐資從舊址鼎建 以上新採訪

諸宮

馬氏行宮 上管舊名湖山殿清同治十二年里人捐貲改建翼以兩廊規模較前宏敞 一在楊家樓村西邊白象

景星宮 東陽上倉宋景定元年建後改造麗陽宮行今廢

會神宮 東山後清同治十一年建

馬仙會神宮 二都黃壇村明弘治年間建一在蒿二年里人吳道揆等建內祀馬夫人外祀諸佛清嘉慶七年闔村捐建下堂及兩廊并大門、在二都官塘清咸豐四年甲寅二月村人吳學宋道學掌道銘道孔等倡建 一在二都石磨下范守悅吳盛泮倡首捐建 一在二都嶺頭光緒六年庚辰建 一在二都規頭民國四年新建

北斗宮 二都明萬歷四十五年建舊志悉建造年代失載據府志補

永安宮 二都荷地水尾

夫人宫 西隅街尾清同治十年城西衆建内堂塑文昌神像門外復建奎光樓

庵下宫 二都后洋

南山宫 二都后洋

二仙宫 九都黄壇蟠龍山頂

仙樂宫 二都賢良清道光七年衆建 以上舊

夫人宫 上都楊家村清光緒二十四年吴鳳岐倡 一在七都隆宫村尾光緒三十六年建

白柘仙宫 在白柘下洋 以上舊采訪

五穀仙宫 二都官塘清道光十九年己亥重建 一在二都高住突垅民國十四年建 一在五都九濚村 沈培源捐建

會龍宫 二都下塘石龜之左 清宣統二年二月建

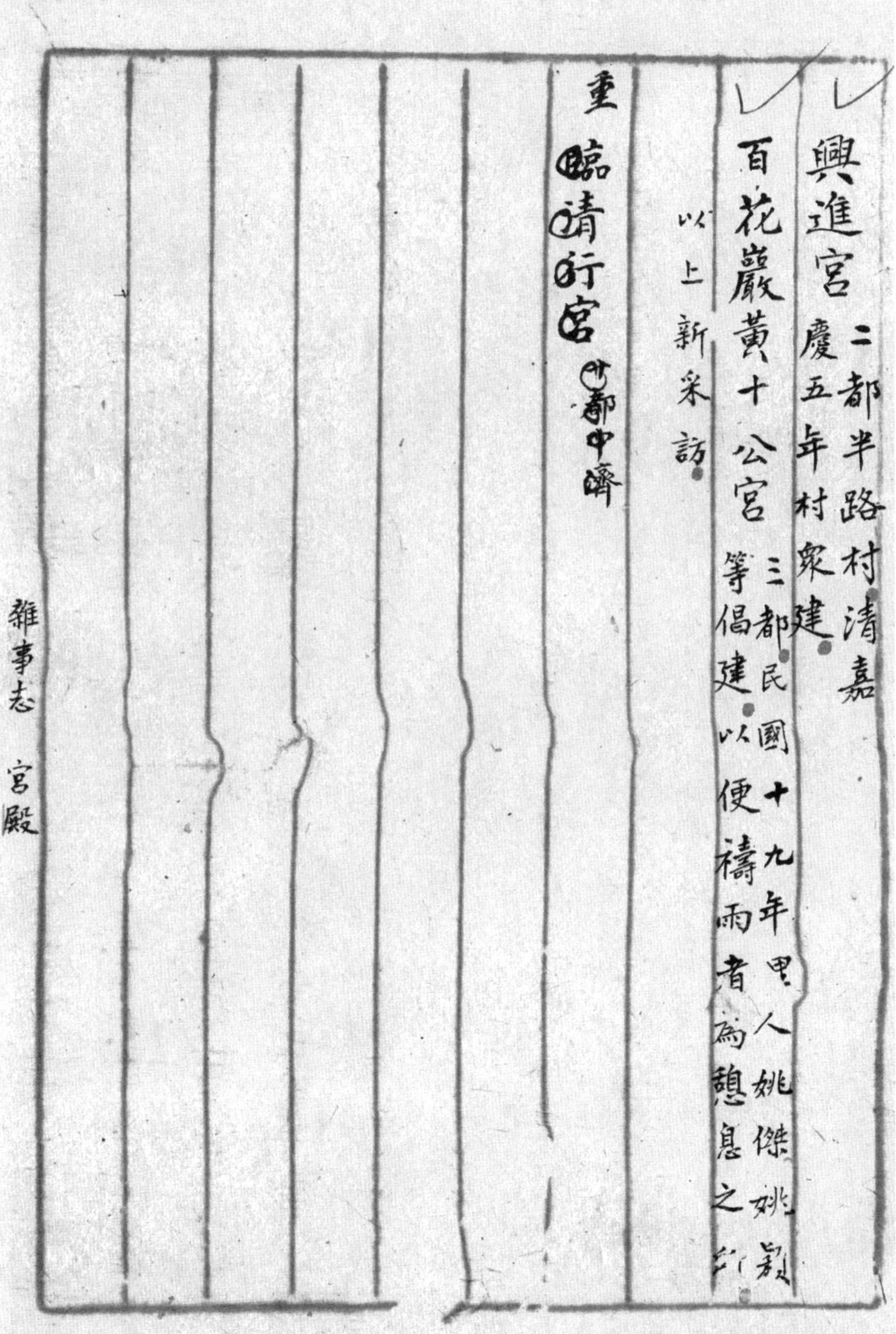

興進宮 二都半路村清嘉慶五年村衆建

百花巖黃十公宮 三都民國十九年里人姚傑姚毅等倡建以便禱雨者爲憩息之所

以上新采訪

重 臨清行宮 廿都中濟

此二殿應列入諸社類目

諸殿

上清殿 竹口邑人劉廷璧捨址建清光緒三十三年改作公立竹鎮高初兩等小學校

盤根祖殿 十二都山頭壟下沈等村合建

陳秦鄉龍安社殿 十二都姚村清乾隆九年建一在九都崔家田

永富社殿 北川

永安殿 十二都姚村清道光二年里人捐建監生邵安仁獨修殿前路貳百餘丈

觀音殿 二都楊橋練國灊建

芙蓉殿 二都黄壇兜村清順治年間建造内有古榅一株老幹杈枒一見而知為非近代物

石壁殿 二都石板倉清順治十五年衆建

大士殿 十都莊化成寺後清同治元年僧義空建並塑佛像

此三殿不列入社〔一〕

永興社殿 二都壇衕

興進社殿 二都北坑，又名興進宫。清嘉慶五年村衆建。新采訪

福進社殿 二都合湖

金盆殿 四都高滁

五穀仙殿 上都楊家樓村葫蘆上頃。清道光十五年合村衆建。以上舊志

鳳巖殿 上都后洋坑吴紹恩倡建

鳳山殿 上都西溪楊長霽倡建。以上舊采訪

鳳山殿 一都西溪

寶雲殿 一都八爐。民國八年胡天斗、胡來孝等捐造

旗仙聖殿 一都小滁頭

餘三殿見舊志禮祀门改删之

嚴源殿　在十二都李村明成化十九年建

餘三祖殿　在十二都下沈

福珠寶殿　在十都中濟

臨清殿　在十都中濟

三善祖殿　在十二都南源民國十八年建

華光大帝殿　二都石磨下村尾

奶娘殿　二都左溪抱龍橋東馬頭山頂清咸豐四年建

以上新采訪

諸社殿

保安社 二都魚鯱村外

順興社 二都岱上村外民國十三年岱上村人以石砌成

下塘社 二都下塘石龜之右清嘉慶年間建立

久旺社 二都岩坑水口

塘尾社 二都塘尾村屋下左岡

橫川社 二都橫坑清光緒丙午年建

顯應社 二都官塘社壇頭

大安社堂 二都官塘水尾廟岡

永寧社 二都石柱村尾清光緒二十九年九月二十五日建

雜事志 祠宫殿

仙社　二都湖池水口

興社　二都黄土洋村水口

新興社　二都黄岡水口祀馬氏真仙清光緒十年四月二十九日重建内有古楓一枝歷年甚久

康阜社　二都半坑水口民國十七年建

田坑社　二都田坑水口

嵩山社　二都高崇坑清乾隆六十年十月建

永安社　二都湖邊村左清乾隆六十年十月建一在久佳洋村尾水口建社門有池六丈方圓天旱不涸

永慶社　二都嶺頭清光緒十九年癸巳建

永寧社　又名黄公山廟二都岩坑祀馬氏眞仙一在新村水口祀馬氏在真賢仙良淤民國十八年里人吳信選重修

興仁社　二都黄沙祀馬氏真仙

土地祠　二都荷地水口下臨魚池中養紅鯉相傳為土地神所豢養如有臨池垂釣或攜網而捕者輒患疾病清光緒二十一年乙未里人吳際雍等倡建庠生吳際春題曰荷地淑景　以上新采訪

永富社殿 北川

永興社殿 二都壇衕一在黄土洋水口

興進社殿 二都北坑又名興進宫清嘉慶五年村衆建

福進社殿 二都合湖

教堂

耶穌教堂由德國教士奔德於前清光緒二十四年傳流至慶堂舍在城東后田街尾姚家曠屋

司鐸奔德德國人

查該司鐸入華最早清光緒中葉每晉謁官署及接

見士紳時常穿中國服式並操中國普通語隨時在舊

處屬各地方往來演説傳教二十三年邑紳姚時哉

信仰該教延該司鐸到慶在后田街尾租賃民屋為

傳教公所即今之耶穌堂舊采訪

槎溪基督教堂民國十六年八月成立附設槎溪村楊廣元屋教師楊廣元新采訪

天主教堂由法國教士戴絲綸於前清光緒二十七年傳流至慶堂舍在城東后田大洋大門內

雜事志

雜事志　教堂

姚家曠屋

司鐸戴緣綸法國人

該司鐸最初入境時每次露天演說傳教宗旨惟山僻人民少見多怪往往視為奇異多方疑訝無一與聞迨清季光緒二十八年冬貧民練于養姚蘭生等為每歲排糶鬧糶過價強糴起見特往麗水教堂延該司鐸到慶在后田上葉村練姓民屋組織傳教機關至三十年一般鄉愚誤認該教宗旨輒藉教為護符一時從者頗衆並購買大坂洋姚姓倉房改式修葺後由練姓民屋已租之傳教機關改遷該處為傳

教公所該司鐸自傳教機關購定每年親臨一次其

傳教地點即今之天主教堂舊采訪

天堂山天主教堂五都天堂山村清宣統間設立新采訪

旧志不抄

叢記

宋紹興間坑西源口有雉精湧水爲祟啄于山邊廣數丈至今不毛止于大松松亦曲垂如鉤自侍郎胡紘生遂斂伏不發後紘讀書遊學有童子爲之挑燈負笈隆興甲午紘入京師取應亦與俱焉及掌中銓持金酬之其人曰某固非人乃公村前老雉所以不憚勞悴服事公者非爲利也欲假公以邀封耳紘詢其所欲答曰縣東一百里赤巖之下有三井焉峭壁懸流深不可測吾欲此與雲雨以濟一方耳乃白其事於朝至今歲旱以雞犬投之泉立湧出雨亦垂至人稱爲東溪老龍

縣西南八十里有張天村居萬山最高處山頂有平地十數里平地中又起一小山山上有地數丈氣常蒸蒸大雪不積地方官呵道過其地者率不利亦異事也

康熙十年歲饑二都人有至縣負米饍母者早行欲如厠置米門外及出已爲人竊去遂投水死須臾雲起雷大震一人跪死路前乃即竊米者

乾隆六年秋邑有虎患邑令鄒公詢於吏欲召獵者捕之吏對以山深未易捕禳於神可祛也鄒公詢何神最靈吏乃以土神吳三公對鄒公即齋沐撰文敬告其神是日安溪村吳氏婦果於屋後破柴無意殺一虎而害

頓息鄒公乃以殺虎顯靈并書其由懸扁於師公橋
乾隆七年知縣鄒公儒建對峯書院傍有舊墓一塚碑
記明故南平尉張公之墓與周垣相逼欲改扦之因以
牲醴撰文親告其墓扦於南山之陽及墓啟見誌石一
塊字多剝落難識惟最後四語猶尚可讀其文云東魯
嗣音書香此熾南山可移壽藏終吉公讀之不勝駭異
不特建造改葬二事已明言之并其姓氏及扦葬之地
皆明明指出凡事前定非人之所為也祭文云吁嗟乎張
清河之芳生於明代仕在閩疆何年羽化於茲兆藏人
稱野塚地比北邙歷數百年見者悲傷我念松源士氣

弗揚欲磨頑鈍化作精良因謀磨舍以資修藏卜塋其基於茲允臧惟君兆宅適逼其旁人鬼混雜吉凶相妨君魂靡定我意徬徨爰卜佳辰丙午之剛為求吉壤于南之岡酹以清酒炷以馨香潔牲三品哀詞數行敬告墓前君其來嘗嗚呼鴻鈞渺渺大造茫茫何非天地到處安康君其達觀毋太拘方君其曠懷毋戀其鄉

以上舊志

釋名世謂當刪

抄供參政

雜事志　叢記

釋劉狀元名稱

劉知新所居爲五都番塆門前稱劉知新爲狀元相沿已久然宋大觀元年丁亥科劉知新與虞天驥馮熙載毛友同登李邦彥榜進士（浙江通志選舉二）非第一人也惟古稱狀元不必第一名唐鄭谷登第後有耳邊聞喚狀元聲語按谷登趙昌翰榜第八名非第一人此其例也（徐時敦閒雲錄）亦施肩吾登元和二年登盧儲榜第十三名進士新城分水二邑（肩吾家住新分二邑交界處）均稱施肩吾爲狀元亦其一例也（新登縣志拾遺）抑又有說宋王明清揮麈錄云馬貴

雜事志　叢記

與端臨字選舉考載宋朝省元狀元之名李邦彥下與焉嘉定錢辛楣養新錄且浙江通志陵墓六亦稱宋狀元劉知新墓在五都慈照寺前是狀元之稱似非無徵不過代遠年湮迄難證實姑誌之以俟後之君子新纂

王應麟從鄞山遷來

清光緒丁丑府志凡例及雜志謂慶志列王應麟於人物選舉復載明知縣董大本為建進士坊是不知南宋之有慶元府云云似也茲查慶邑九都竹口王姓譜王應麟為竹口王祠第二世始遷祖字伯厚行壽一號厚齋晚號深寧居士登宋理宗淳祐元年辛丑徐儼夫榜

志固未見王伯厚所自撰之墓誌及六十昌吳所撰之誌故有此無謂之說也　當刪

進士官禮部侍郎兼中書舍人尋轉尚書兼給事中致仕由鄞縣鄮山徙居慶元竹口其譜序中有咸豐恩貢柳芳林序云先生世居寧波鄞縣之鄮山致仕後徙居慶元之竹口然鄞距慶千有餘里矣竹口山川固佳而非能過於負溟海控扶桑枕山臂江深迴幽奇之勝也縱曰隱焉其時南疆尚安非無託足之區何擇地之深耶惟自史嵩之當國一時正人多以不合遂去所謂小人道長國事日非矣鄞當水陸之錯逼近臨安迨賈似道入相先生嘗迕之似道屢謀斥逐適先生以憂去及似道潰師江上先生復起時留夢炎入相引用同鄉徐

囊爲御史以自助先生曰善類爲所搏噬者必攜持而去正先生見幾而作不俟終日之時也加以蒙古於滅金之後攻城掠地殆無寧歲景定咸淳之際鮮有朝廷乾淨土矣其能不興避地之思乎語云入山惟恐不深又何遠乎千里哉史稱先生東歸後二十年卒其未卒以前在此二十年中不急桃源之尋爲避秦之計有不如汪立信所歎將無死所者乎故晚年將厚齋之號而更爲深寧其殆有取於入山求深寧靜致遠之意乎序文之言蓋如此況由鄮遷竹之後卻尤有可證者數事先生配夫人氏陳合葬竹口之迴龍潭子昌世行康一

配周氏合葬壇灣此先生父子墳塋之可證者一先生父擕行福一為竹口王姓一世祖先生為二祖迄今已將近二十世矣此世系之可證者二竹口自先生徙居後卜年卜世所謂王伯厚祠竹口以外十一都上源村亦建有祠王氏已為慶邑著姓瓜緜椒衍書香不絕世德相承有祠有譜此孫子之可證者三綜此數證先生縱非慶產而為慶之寓賢固不得等諸杞宋之無徵別且遷地為良聚家成族王氏子姓之食德服疇迄今幾徧竹口上源又非仲卿之冒姓衛氏宗韜之下拜汾陽可比茲因府志有所論及故就王氏譜所載者錄之以備參考至舊志之列先生於人物選舉一仍其舊示重

無謂當刪

前志也

浙江通志載吳潭爲遂昌人

閲浙江通志人物八卷一百八十九義行下三十二頁吳潭兩浙名賢錄字源潔遂昌人云云殊滋疑義迨檢卷一百三十七選舉十五明舉人弘治八年乙卯科吳潭與卷二百四十陵墓六明推官吳潭墓俱載慶元人獨人物載爲遂昌人此或因慶元縣本龍泉之松源鄉龍泉本松陽遂昌兩縣分析而置縣龍與遂境地接壤載吳潭爲遂昌人猶慶元人而間有載爲龍泉人蓋皆沿未置縣以前之舊稱通志仍名賢錄之舊未加更正事殆

類是第吴潭為慶元人有三確證清光緒丁丑處州府志卷二十人物志中篤行卷十六選舉志上舉人卷九古蹟志塚墓凡關於吴潭者均書慶元二吴潭名登天府坊暨墓在慶元下管大濟迄今猶尚一一可考三吴潭拾遺金事即在慶元雲龍門外詠歸橋處遺金者欲赴水又即橋下石龜前之泓溪水右列各點俱足證明吴潭為慶元人之事實茲修邑志故附記此用備他日續修通志以資更正云新纂

（雜事志）

（北區建姑嫂廟原委）（叢記）

洪楊軍興中原鼎沸慶北一帶亦風鶴頻驚時有一姑一嫂不知姓氏當避亂出走時攜銀一盒就於松轄製菰某求救廿□爲之箕帚某昧良貪其貲而棄其人歸置田畝姑嫂餓死變兩蛇越年適某往田工作竟被咬斃自是此間常有巨蛇出現不惟見者駭異即聞者亦色變凡種此田者年年獻秋始無恙求神問卜無不應驗十都中濟蓁振康賴建熊等爲之倡募捐建廟以祀之顏其名曰姑嫂廟（廟見祠祀志）

雜事志　叢記

公益社乃社團耳不附於社團而入之新事其無傳節矣

二都甘竹山屋後山形如伏鵝村人遂呼為鵝好事者於山旁造旱碓一所作鵝食料山脚有小穴產鵝蛋石大者圓勻小者方尖約有兩三擔越幾年搬運一次又有兩三擔亦奇事也

又都黃坑村遠年吳姓向翁姓買來地基建屋開掘天井得印星十二團形如蛋大村人即呼為怪石而未之釋名今現存印星一團亦奇事也

公益社 光緒三十四年奉增撫憲核准設立宣統元年春閒募正副社長各一人社員十六人嗣因經費支絀遂中輟

以上新采訪

些安識附錄

（雜事志　叢記）

治螟方法

凡有螟蝗之田將水灌滿潑以桐油少許再用手扇之則螟蝗均被淹死成效頗著

老樟樹

在二都湖池村關門亭有一老樟亭亭如車蓋大四五圍相傳蓄自有宋人有恒言三枯而三蘇之似隨地方氣運為興廢而然可作一方保障也○在十都仙莊隘一在仙莊底村兩樹距離約半里許樹古色蒼大數圍高十餘丈矯然聳立狀如華蓋有武侯廟前老柏之殊致在萬木中亦惟此樹特別高出民國七年有日人採辦樟腦為軍需火藥村中有甲某利其貲以為有機可乘往而迎之一經看驗即陰許三千金甲諾之偽為一千四百金之拚價

充作公益用事將成乙某出而止之曰不可吾昨夢一神人以此樹之盤根錯節已歷數百年竭其精靈為一方保障何物老奴不以為德反圖謀害恐不免於禍汝當保護否則禍亦立至乙與甲交涉訴於官疊經前縣狄公紹青袁公際鳳封禁在案事遂寢而此樹亦遂永為護蔭是村一種古木。

一在十都下濟兩樹並生橫卧水滸一偃一仰如雌雄然大數圍中空可容數人村之耆老恐其傾欹築石城意為護持根深葉茂可蔭一畝之地夏可納涼冬足禦寒其老幹新條橫拖倒懸之風致揆之華野空桑幾無

殊異相傳為宋時物亦一奇觀也

縣政府大仙樓

大仙不知何許人慶元縣政府之第四堂樓上樓下祺供奉大仙木主神位清光緒二十年知縣何文燿任慶篆時對大仙奉之彌謹蓋何廣東香山縣人稱大仙與其為同縣誼屬同鄉大仙對何亦屢著靈異乃事隔多年有何題大仙詩二闋近忽從吳紳作聖病中述出並囑為登叢記云云斯亦一神異事也其詩如下

厖眉皓首作仙翁九轉丹成拜下風視我兒童如骨月蘭言無限在其中

蘭醪艾酒醉吟詩，誨訓眞人絕妙辭，愧我身非香案吏，先生在上敢題詞。

以上新采訪